AF498391

Inhaltsübersicht.

Als Anhang eine Karte.

I. Vokalismus.

1. a) Behandlung von idg. e im Germanischen.

Paul, PBB. IV 398 f; VI 76 ff. Sievers, PBB. V 157 n. Bezzen-
berger, Gotische A-Reihe; GGA. 1877, s. 417 n. Leffler, Nordisk
Tidskrift for Filologi og Pædagogik. NR. II 1 ff, 146 ff, 231 ff. Brate,
BB. XI 182. Bremer, Zs. f. d. Phil. XXII 249 f; JF. IV 8 ff. Noreen,
Lautl. 12 ff. Streitberg, Urgerm. gram. 50 ff. Kluge, Grundr.² I
402, 409 f. Brugmann, Grundr.² 1 125 ff; Kurze vergl. Gram. 217.
Helm, PBB. XXIII 555 ff. Kock, PBB. XXVII 166 ff.

Ich gebe für die verwandlung des idg. e zu i vor nasal
+ konsonant nur folgende beispiele:

ahd. *hinkan* st. v. „hinken“ aus idg. *kengô*: ir. *cingim*
„gehe“, *céimm* „schreiten, schritt“ (s. *Stokes* Sprachsch. 77;
nach E. Lewy; begrifflich ist got. *hlaupan* „laufen“: lett.
kluburát „hinken“ zu vergleichen).[1]

ags. *hrindan* st. v. „stossen“, anord. *hrinda* dass. aus
idg. *krentô*: poln. *kręcić* „drehn, winden, schütteln“, *kręty*
„gewunden, gedreht“ (vgl. *Zupitza* GG. 123).

Chronologisch ist diese erscheinung schwer zu fixieren.
Ist aber ahd. *dinstar* „finster“ mit skr. *támisrā* „finsternis“
nächstverwant, so erfolgte dieser übergang, nachdem schwa
im innern des wortes geschwunden war. Auch liegt er nach
der kürzung von langem vokal vor nasal, liquida + verschluss-
laut, wie wol got. *winds m* „wind“: lat. *ventus* aus idg. *wēntos*
ergiebt. *Helm's* PBB. XXIII 555 ff datierung ist, da er sich
fast ausschliesslich auf eigennamen und lehnworte stützt, für
unsre zwecke nicht verwertbar.

Nach der germanischen akzentregelung wurde zuerst e
in unbetonter silbe zu i, wie allgemein anerkannt. Zu er-

---

[1] Wie mir *E. Lewy* mitteilt, findet sich diese etymologie schon bei
Macbain, Etym. Gallic Dict.

örtern ist nur, wie unbetontes e vor r behandelt wurde. Einerseits ergeben beispiele wie got. *hwaþar*: asächs. *hweder*, got. *aftaro*: ahd. *after*, dass e vor r im germ. erhalten blieb. Wenn *Brugmann* Grundr.² I 128 sagt: „Vermutlich blieb e auch in schwachtoniger silbe vor uridg. r, wenn diesem kein palataler vokal folgte“, so kann er sich freilich auf ahd. *ubir*, ags. *yfir* berufen, das skr. *upári* sehr schön entsprechen würde. Auch got. *air* „früh“, ahd. *êr* aus idg. *ájeri* „in der frühe“ (*Prellwitz* BB. XXIII 65 f) würde sich dem fügen. Anders aber fasst *J. Schmidt* Neutra 197 die sache auf: „Im germanischen ist, ehe die auslautsgesetze in wirksamkeit traten, das e suffixaler silben vor r mit unmittelbar folgenden dunkelen vokalen gleichfalls zu einem dunkelen laute geworden, welcher im gotischen als a erscheint, in den westgermanischen sprachen zwischen a und e schwankt, nicht wie sonstige suffixale e zu i gesunken ist und nirgendwo wie diese umlaut oder wandel des wurzelhaften e in i bewirkt“. Nach *J. Schmidt* wurde also germ. *uƀeran* (= skr. *úparam*, lat. *superum*) zu *uƀaran*, während germ. *uƀeri* (= skr. *upári*) sein -er- wegen des folgenden i erhielt, später aber, wie -es zu -iz, zu -ir wurde. Wer von den beiden forschern recht hat, ist vorderhand nicht mit sicherheit zu entscheiden; jedenfalls ist das problem nicht so einfach, wie es nach *Streitberg* Urgerm. gram. 54 scheint.

Nachdem e in unbetonter silbe zu i geworden war, wurde haupttoniges e durch i, j der folgenden silbe zu i umgelautet. Gegen diese ansicht, die *Leffler* Nordisk Tidskrift II aufgestellt und nach allen seiten hin gut begründet hat, hat sich *Kock* PBB. XXVII 166 ff mit m. e. ungenügenden gründen gewant. Denn die wenigen beispiele, die er gegen die vulgatansicht aufführt, können dem erdrückenden gemeinsamen zeugnis aller germanischen sprachen gegenüber nichts beweisen; es ist prinzipiell sogar geboten, die paar formen als nicht lautgesetzliche zu erklären, wenn auch ihre genaue deutung in jedem falle noch nicht gelingen will.

Urnord. *erilaR* (*Bugge* Norges Indskrifter I 100 ff) haben *Brate* BB. XI 183 und *Noreen* JF. XIV, 398 gut erklärt;

neben germ. *eril-* liegen *erul-* und *erl-* (*Verf.* BB. XXIX 309), die die erhaltung des e in *erila*R bewirkten; s. aber auch *Bezzenberger* BB. XVII 216 n.

anord. *hléþa, séþa* praeter. zu *hlýja* „schützen", *sýja* „nähen" vermag ich nicht zu deuten, da *kníþa* zu *knýja* „schlagen" und *gníþa* zu *gnýja* „tosen" aus germ. *kniwidōm, gniwidōm* die regelrechte entwicklung zeigen. *Noreen* Aisl. gram.[3] § 157, 2 vermutet, dass *hléþa* sich nach *hlé n* „schutz" gerichtet habe. In *séþa* vollends liegt garkein idg. e vor vgl. skr. *sivyati* „näht".

Wie *Kock* sich die entwickluug der übrigen germanischen sprachen denkt, deutet er nicht an; er bedenkt auch nicht (a. a. o. 189), dass, wie die germanischen sprachen einstimmig darauf hinweisen, dass der i-umlaut von gutturalen vokalen einzelsprachlich ist, sie ebenso einstimmig darauf deuten, dass der i-umlaut von e gemeingermanisch ist.

---

b) Behandlung von idg. i im Germanischen.

J. Grimm, Gram. I (NA.), 490. Holtzmann, Heidelberger jabrbücher 1841, 771 ff. Bezzenberger, Ficks wb.[3] III, s. 367 ff.; A-reihe 65 ff. Zimmer, Anz. f d Alt. I 99 f. Heinzel, Niederfränk. Geschäftssprache s. 46. Paul, PBB. VI 82 ff. Osthoff, PBB. XIII, 417 ff. Braune, Ahd. gram.[2] § 31 und n 1—3. Kluge, Pauls Grundr.[2] I 410 f. 1037. Noreen, Urgerm. lautl. 20 ff; Aschwed. gram. § 163, 1; Aisl. gram.[3] § 154, 1. Siebs, Pauls Grundr.[2] I 1195 f. Streitberg, Urgerm. lautl. 56 f; JF. IV 309. Solmsen, K Zs. XXXIV 2. Brugmann, Grundr.[2] I 99 f. Bethge, Dieters Laut- und Formenlehre s. 12. Kock, PBB. XXIII 544 ff. Holthausen, Asächs. Elementarb. § 82, 84. Sievers, PBB. XXIII 292 n; Zum ags. Vocalismus (1900), s. 33. van Wijk, PBB. XXVIII 249. Collitz, Modern Language Notes XX (1905), s. 65—68.

Gegenüber der oben dargelegten ansicht, dass idg. e, ausgenommen vor folgendem n, m + konsonant und i, j der folgesilbe, im nordisch-westgermanischen erhalten, im gotischen durch sekundäre entwicklung gewöhnlich zu i geworden sei,

stellt *Collitz* neuerdings im anschluss an *J. Grimm* und
namentlich *Holtzmann* die hypothese auf, dass das got. i
gegenüber dem nordisch-westgermanischen e das ältere sei,
dass idg. e in gemeingermanischer zeit in allen stellungen
zu i geworden sei. Nach *Collitz* wäre i (aus idg. e und i)
im nord.-westgerm. durch folgendes a zu e gebrochen worden.
Die erscheinung, dass wir zwar ahd. *ginesan,* aber *gibizzan*
im part. prät. finden, worauf schon *Bezzenberger* A-reihe s.
66 energisch hingewiesen hatte, erklärt er durch ein gesetz,
das er das gesetz der ablautsharmonie nennt. Es lautet
(MLN XX s. 68 a): „Wo im urgermanischen der plural des
präteritums und das participium passivi ein- und denselben
brechungsfähigen vokal hatten, ist im westgermanischen und
nordischen die brechung im participium passivi nur dann
eingetreten, wenn sie auch im präsens vorhanden war. Hatte
das präsens keine brechung, so bewahrte das particip im an-
schlusse an den plural präteriti den ungebrochenen vokal."
Neben dem a. a. o. 67b erwähnten ahd. *wessa,* das nur
fränk. ist (*Braune* Ahd. gram.² § 371 n 1), liegt oberd *wissa,*
asächs. *wissa,* ags. *wisse,* anord. *vissa.* Dies führt uns, von
wer und *nest,* den einzigen beispielen, wo die nordischen und
westgermanischen sprachen in der brechung übereinstimmen,
abgesehn, zu der ausserordentlich grossen zahl von beispielen,
wo fast gesetzmässig dem ahd. e ein i im ags. und nord.
gegenübersteht. Die nordischen e aus germ. i (idg. i) be-
ruhen auf sonderentwicklung, wie *Kock* PBB. XXIII 544 ff
dargetan hat. Im ags. aber sind die idg. e und i (germ. e
und i) im allgemeinen am klarsten erhalten, worauf
namentlich *Sievers* Zum ags. Vocal. 33 in letzter zeit hinge-
wiesen hat, was aber bei etymologischen forschungen nicht
immer genügend berücksichtigt worden ist. Wie die verhält-
nisse im gotischen liegen, wo germ. e und i in jeder stellung
zusammengefallen sind, so ist es das beste, übergang des e
zu i in früher zeit für das gotische anzunehmen, denn i, sei
es idg. e oder i, erscheint vor h und r gebrochen; in gleicher
weise fiel auch germ. o (aus u) und u zunächst zusammen,
ergab dann vor h und r aú.

Wer und *nest* nun gerade als die gesetzmässig entstandenen formen anzusehn, kann ich mich nicht entschliessen, weil ich eine ansicht nicht verstehe, der gemäss von hundert beispielen nur eins gesetzmässig, neunundneunzig durch ausgleichung entstanden sein sollen. Ich nehme für irgend eine frühe zeit eine (vielleicht dialektische) neigung an, i in e bei folgendem a zu verwandeln, eine neigung, die an den verschiedensten punkten der germanischen sprachgeschichte immer wider hervorbricht, selten aber die kraft eines gesetzes erlangt. Ich bespreche hier folgende worte, aus denen hinreichend die unhaltbarkeit der Collitzschen hypothese hervorgeht; konsequent durchgeführt ist die brechung des germ. i nicht einmal im ahd.

ahd. *bibên:* as. *biðon:* ags. *bifian:* anord. *bifa:* mhd. *biben:* nhd. *beben* mit ndd. e, s. *Kluge* KZs. XXVI 85; wb.[6] 35; schon von *Benfey* Griech. wurzellexikon II 105 mit skr. *bibhéti* verbunden.

anord. *blik* n „*blech*": ahd. *bleh* vgl. ags. *bliccettan* „glänzen": ahd. *bleccazen* (*Kluge* wb.[6] 47).

ahd. *gil* „hernia", *gilohter* „herniosus" verbinde ich in übereinstimmung mit dem von *Heyne* D. Hausaltert. III 137 bemerkten mit griech. χιράς „riss", lat. *hīra* „darm". Formell identisch ist damit anord. *gil* n „kluft, tal". (*Zupitza* GG. 203).

asächs. *ginon* „gähnen": ahd. *ginên ginôn:* ags. *ginian:* anord. *gína* st. v.

ahd. *giwên, gewôn:* mhd. *giwen, gewen:* aksl. *zĕvati* „gähnen" (*Zupitza* GG. 203).

ags. *higora* „häher": ahd. *hehara:* gr. κίσσα dass.

ahd. *hlinên* „lehnen": mhd. *linen, lenen:* as. *hlinon:* ags. *hlinian.*

ags. *hrif* n „mutterleib": andd. *rif:* ahd. *href*; die deutung aus idg. *qrep* (z. b. *Walde* Etym. wb. 144) ist also falsch; das wort ist etymologisch unklar.

asächs. *cliðon* „kleben": ags. *clifian:* ahd. *klebĕn:* anfränk. *clevon:* ahd. *klîban* st. v.

ags. *clif* n „klippe": anord. *klif* (= *kleif*): asächs. *klif:* ahd. *chlep.*

anord. *lifa* „leben": asächs. *liƀod, leƀot* 3 sg: ahd. *lebên*.

asächs. *lidon* „führen, bringen": *liđan* „gehn".

ags. *liccian*: asächs. *likkon, leccon*: ahd. *lecchôn*: got. *bilaigon* „lecken".

ahd. *lirnên, lernên* „lernen": ags. *leornian, liornian*: asächs. *linon*.

anord. *hrip* n „hölzernes gefäss": ahd. *ref* n „gestell zum tragen auf dem rücken".

ags. *sinu* f „sehne": anord. *sin* f.: ahd. *senawa* (*Sievers* PBB XXIII 292 n): ir. *sín* „kette, halsband" (*Stokes* Sprachsch. 303), lett. *sinu* „binde", skr. *sināti* „bindet" vgl. skr. *snāyu* „sehne, band": *snāyati* „umwindet".

ahd. *scidôn* „scheiden": got. *skaidan*.

ags. *scip* „schiff": asächs. *skip*: afries. *skip*: anord. *skip*: ahd. *skif, skef*.

ags. *scinu* f „schienbein": aschwed. *skinubēn*: ahd. *skina, skena*: mndd. *schene*: ags. *scia* „shin, leg", das sich zu den n-formen verhält wie ahd. *bia: bini* „biene" (*Falk-Torp* Etym. ordb. II 181).

ags. *smicer* „schön": ahd. *smechar* „elegans": lit. *susmìžęs* „verkümmert, klein" (*Zupitza* GG. 199).

ags. *slipor* „schlüpfrig": ahd. *sleffar*: ahd. *slifan* „gleiten, schleifen".[1]

ags. *spic* n „speck": anord. *spik*: asächs. *spek*: ahd. *spech*: skr. *sphik* f „hüfte, hinterteil", *sphigī* f „hüfte" (*A. Kuhn* KZs. III 324 vgl. ir. *tón* „podex", anord. *þió* n dass.: lit. *taukaī* m. plur. „fett").

ahd. *spilôn* „sich in einer zuckenden, zitternden bewegung befinden, sich frölich bewegen, hüpfen, spielen": asächs. *spilon* dass. Ich stelle das wort zu lett. *spilét* „klemmen, zwicken, spannen", indem ich darauf hinweise, dass verba, die ein drücken, klemmen u. ähnl. bezeichnen, im allgemeinen mit verben andrer bewegungen in verbindung stehn vgl. lit. *spriáusti* „drängen, klemmen, einengen": *spriústi* „entgleiten,

---

[1] Davon ist natürlich zu trennen ahd. *slichan* „schleichen" und sippe (*Falk-Torp* II 224), die zu aksl. *slьzъkъ* „εἰς ὄλισθον", russ. *slízkij* „schlüpfrig", poln. *ślizki*, serb. *sklīzak* dass. gehören (s. *Zupitza* GG. 199).

entschlüpfen“ (*Brugmann* JF. I 177); wie neben *spriáusti* ags. *spréot* m „stange“ liegt, so neben lit. *spáusti* „drücken“ unser nhd. *spiess*, ahd. *spioz* m dass, anord. *spiót* n (*Noreen* Lautl. 192. 202; *Fick* BB. XXIX 197 f); poln. *cisnąć* „drücken, klemmen; werfen, schleudern“.

ags. *sticol* „steil“: asächs. *stekal*: ahd. *stechal*: ags. *stician*: ahd. *stechan* st. v.: asächs. *stekan* st. v. (übertritt der deutschen wörter in die e-reihe): gr. στίζω „stechen“.

anord. *sviþa* f „brand“: *sviþa* st. v. „brennen“: lit. *swidéti* „glänzen“, lat. *sīdus* n „gestirn“ (*Falk-Torp* Et. ordb. II 331) vgl. noch avest. *xʷaēna* „glühend, löhend“ (*Bartholomae* Air Wb. 1861); daneben liegt germ. *sweþô* in ahd. *swethan, swedan* st. v. „brennen“: mhd. *swadem*, ags. *swaðul* „rauchdampf“, verwant mit avest. *xʷāsta* „gekocht“ (*Bartholomae* ib. 1878).

ags. *swipor* „schlau“: ahd. *swephar* „sollers, callidus“: ags. *swæpig* „fraudulent, deceitful“ (*Napier* OEG. 1, 2894).

ags. *ticca* „zecke“: mhd. *zecke* „zecke“: armen. *tiz* „zecke“ (*Kluge* wb.[6] 433).

ags. *twiccian* „to twitch, to pluck“: mhd. *zwic*, md. *twic* m „stoss, kniff“: aksl. *dvignǫ* „stossen“, russ. *dvígnutь* „bewegen“, poln. *dźwignąć* „tragen, heben, schleppen“.

ags. *gewilian* „to bind“ (*Napier* OEG. I 3560): anord. *vél* f „list“ aus germ. *wēil-*: prakrit *vellaï* „sich bewegen“ (*Pischel* Prakritsprachen § 107).

ahd. *wiga* f „wiege“: mhd. *wige* und *wiege*: mhd. *weigen* „schwanken, wackeln“ (*Hoffmann* Geras für Fick s. 56).[1]

ahd. *wisa* f „wiese“: anord. *veisa* f „sump, pyt“ (*Kluge* wb.[6] 424).

ags. *wisnian* „welken“ und *weornian*, das nach *Sievers* Zum ags. Vocal. 33 f zu beurteilen ist: anord. *visna* dass., *visenn* „welk“: kymr. *gwyw* „welk“ (*Zupitza* BB. XXV 96): avest. *vaēšah* n „verwesung“ (*Bartholomae* Air. Wb. 1329).

---

[1] Verwant ist lett. *wēgls* „leicht, wenig wiegend“, falls es nicht zu skr. *vijáte* „ist in bewegung“ gehört.

2. Germanisch o aus älterem u.

Bezzenberger Ficks wb.³ III 367 ff. Noreen Lautl. 18 ff. Kluge
Pauls Grundr.² I 411. Streitberg Urgerm. gram. 57 ff. Brugmann
Grundr.² I 109 ff. Kock PBB. XXIII 511 ff.

Ebenso wie idg. i bei folgendem a im ags. fast immer
als i erscheint, ist o der regelrechte vertreter des germ.
u im ags., wenn a folgte. Im wesentlichen stimmen auch
das deutsche und nordische zum ags., weshalb ich den um-
laut des u zu o für urgermanisch halte; und zwar trat er ein,
nachdem idg. o zu germ. a geworden und w vor u (idg. u
und ə) geschwunden war.

3. Idg. ā und o im Germanischen.

I. Für die verwandlung von idg. ā in germ. ô ergiebt
sich nur so viel, dass es früh mit idg. ō zusammengefallen
sein muss, da ā mit ō in den langdiphthongen āu und ōu (s. u.)
und im auslaut ganz gleichwertig behandelt wird.

II. Chronologisch schwer fixierbar ist der übergang von
idg. o zu germ. a.

Einige worte über nichthaupttoniges o. Gegen *Kluge*
Pauls Grundr.² I 356 hat sich mit recht *Bremer* IF. XIV
363 ff gewant, der annimmt, dass o in jeder stellung zu a
geworden sei. Nun sucht *Eulenburg* IF. XVI 35 ff zu er-
weisen, dass o in unbetonten silben vor labialen erhalten sei.
Zunächst verweise ich wegen asächs. *alowuldo* a. a. o. 40
auf urnord. *fawawisa* „wenig wissend" (Seeländer brakteat;
Stephens nr. 57); ausserdem besteht sein material nur aus
eigennamen, hat also keine beweiskraft.

Für die relative chronologie ist es wichtig, zu wissen,
ob der w-laut in idg. q, g̑ᵛ, gh̑ᵛ vor o = germ. a urgerm. ge-

schwunden ist, was *Zupitza* GG. 48ff bestreitet. Ich verweise noch auf *Hirt* PBB. XXIII 312ff; BB. XXIV 276; *Wilmanns* Deutsche gram.² I 44; *Solmsen* KZs. XXXIV 541; Journal of Germanic Philology I 387ff; *Hoops* Engl. stud. XXVIII 93; *Brugmann* Grundr.² I 607ff, 611ff; nachträge XLVII; Kurze vgl. gram. 174n; *Osthoff* Etymol. Parerga I 322f.

Auszuscheiden ist idg. anlaut. gᵘh, da es nach *Zupitza* PBB. XXIII 237ff durchaus zu g wird.

Im inlaut beweisen ags. *hweowol* „rad" aus idg. *qeqólon* (*Zupitza* GG. 65) und ags. *awol* „arpago" aus idg. *akvólā* (*Zupitza* s. 63), dass w nicht vor o geschwunden ist.

Im anlaut liegen die verhältnisse deswegen so kompliziert, weil neben idg. qo, gᵛo meistens qe, gᵛe liegt, so dass leicht formenausgleichungen eintreten konnten. Eine sichere entscheidung ist vorderhand nicht möglich, obwol die verhältnisse im inlaut die richtigkeit der ansicht *Zupitza's* nahezu beweisen. Selbst die beispiele, die *Zupitza* für sich geltend macht, sind nicht einwandfrei.

ahd. *chwadilla* f „hautbläschen" (*Zupitza* s. 85) weist gemäss seinem vorkommen in oberd. quellen, die d = germ. þ zeigen, auf idg. t, ist also von gr. δοϑιήν „kleines blutgeschwür" zu trennen. Richtig stellt es *Wood* MLN. XIX p. 2 zu got. *qiþus* „bauch".

andd. *quappa* f „quappe" hat man bisher zu apreuss. *gabawo* „kröte", aksl. *žaba* „frosch" gestellt. Nach den ausführungen von *O. Weise* Zs. f d Wortforsch. V 251 ist diese gleichung sehr zweifelhaft; *quappe* gehört zu nndd. *quabbelig* wie nnorw. *ulka* „kröte" zu *ulkutt* „schleimig".

---

4. Indogermanisch āu und ōu im Germanischen.

J. Grimm, Über Diphthongen nach weggefallnen Konsonanten (1845.) Kl. schr. III 103 ff. Kirchhoff, Das gotische Runenalphabet. 2. aufl. (1854), s. 36. L. Meyer, Die gotische Sprache, s. 388, 709.

A. Holtzmann, Altdeutsche Gramm. I 14 f. Kluge, QF. XXXII, s.
35; PBB. VI 382f. Mahlow, AEO. s. 19ff. Sievers, PBB. VI 564ff.
Paul, PBB. VII 152ff; VIII 210ff. J. Schmidt, KZs. XXV
16ff; XXVI 1ff; XXXVIII 1ff; Sitz.-Ber. d. Berliner Akad. 1899, s
302ff. Koegel, PBB. IX 509ff. Meringer, KZs. XXVIII 217ff; Zs.
f. österreich. Gymn. 1888, s. 132ff; BB. XVI 221ff; JF. XVI 128.
Collitz, BB. XI 205n. van Helten, PBB. XV 485ff; JF. XIV 62ff.
Zubatý, BB. XVIII 245ff. Wiedemann, Das Litauische Präteritum
s. 33ff. Streitberg, Zur Germanischen Sprachgeschichte; Urgerm.
gram. 69ff. Kock, JF. II 332ff. Noreen, Urgerm. Lautl. 32ff,
H. Möller, Anz. f. d. Alt. XX 117ff. P. Kretschmer, KZs. XXXI
451ff. Brugmann, Grundr.² I 203ff, 796ff. Bechtel, Haupt-
probleme 77ff, 167f, 271ff. Walde, Germ. Auslautges. 58ff, 79ff.
156. Foy, Idg. Langdiphthonge im Inselkeltischen. (Festschrift für
Stokes. 1900). Osthoff, Etymol. Parerga I 149ff.

Wiewol die frage nach der behandlung von idg. $\bar{a}u$ und
$\bar{o}u$ im germanischen in den letzten jahrzehnten sehr lebhaft
erörtert ist, kann sie doch auch heute noch nicht als gelöst
betrachtet werden.

Nachdem schon *Sievers* PBB. VI 566 seine unter-
suchungen in den satz zusammenfasste: „Germanisches $\bar{o}u$
wird in allen germanischen sprachen vor konsonanten zu *ô*,
vor vokalen erscheint es im got. als *au*, im ostnordischen
als *ô*, in den übrigen germanischen sprachen als *û*", hat *J.
Schmidt*, vornehmlich K. Zs. XXVI 1ff erwiesen, dass idg.
$\bar{a}u$ und $\bar{o}u$ vor konsonant im germanischen zu *ô* wird, vor
vokal aber zu *û* in einer reihe von zweifellosen fällen. Da-
neben aber bleiben einige sichere beispiele, in denen $\bar{o}u$ vor
vokal erhalten geblieben ist, worte, die *J. Schmidt* nicht er-
klärt hat. Das ist auch von seinen gegnern, namentlich
Streitberg, mit recht, aber mit übertriebener schärfe, hervor-
gehoben worden. *Noreen* blieb im jahre 1894 nichts anderes
übrig, als ehrlicher weise zu gestehn, dass die ganze frage
bei weitem noch nicht ausdebattiert sei. Um nun zu erklären,
wie es kommt, dass neben ahd. *ruowa* (idg. *rōwā*) anord. *lú-*
(idg. *lōwā*), neben ags. *snówan* anord. *snúa*, neben ags. *stów* ahd.
stûatago liegt, ist es nötig, ein neues prinzip hier zur anwendung
zu bringen. Meiner überzeugung nach liegt die sache so, dass
$\bar{o}u$ (aus idg. $\bar{a}u$ und $\bar{o}u$) vor vokal erhalten blieb, wenn es

den akzent trug, dagegen zu *û*[1]) wurde, wenn der akzent
nachfolgte; *ōu* blieb auch erhalten, wenn es nach dem akzent
stand. Alle diese vorgänge spielten sich demnach ab, als
noch die indogermanische freie wortbetonung im germanischen
herrschte, d. h. vor dem eintritt der gemeingermanischen
akzentregelung.

Vor konsonant wurde *ôu* zu *ô*; im auslaute sehen wir
ôu zu *ău* gekürzt.

So, denke ich, lösen sich alle schwierigkeiten. Unter I
behandle ich die vertretung von *ôu* vor konsonant und vokal,
wenn es unter oder vor dem akzent stand; unter II die ver-
tretung von *ôu*, das nach dem akzent stand; unter III die
vertretung von *ôu* im absoluten auslaut.

I.

ags. *blówan* red. v. „blühen“ aus germ. **blówô*: as. *blôjan*,
ahd. *bluojen, bluowen* sw. v. (über das *w* des letzteren s.
Bremer PBB. XI 71 ff) aus germ. *blôjô*; der stamm *blô*
liegt vor in got. *bloma* (*Fick* wb.⁴ I 498).

ags. *grówan* red. v. „wachsen“, anord. *gróa* red. v.,
afries. *grôwinge* (*Siebs* Pauls Grundr.² I 1255) aus germ.
**grówô*: ahd. *gruoan* sw. v., mhd. *grüejen* aus *grôjô*.

ags. *hlówan* red. v. „brüllen“ aus **hlówô*: ahd. *hlôjan*,
mhd. *lüegen* aus *hlôjô* (*L. Meyer* KZs. VIII 266; *Zupitza*
GG. 119).

ags. *rówan* red. v. „rudern“, anord. *róa*, aschwed. *rôa*
red. v. aus **rówô*: mhd. *rüejen*; wurzel *rô* neben *rê* (*Hirt*
PBB. XXIII 291).

ags. *spówan* red. v. „to succeed“ aus **spówô*: ahd. *spuon*
sw. v. aus *spôjô*; wz. *spê* in aksl. *spěti* „von statten gehn“
(*Schade* wb.² 860).

Wir sehen hier in den ags., anord. und afries. worten
ein w gegenüber den andern sprachen, das lautgesetzlich
nicht erklärt werden kann. Dasselbe *w* erscheint auch

---

[1]) germ. *û*, ebenso wie *ô*, erscheint vor vokal im got. als *au* d. h.
wol *â*.

2*

in folgenden ags. worten, wo *-áw-* auf germ. *-êw-*,
nicht *-aiw-* zurückgeht (s. *Sievers* Ags. gram.[3] s. 27, 29):
bláwan red. v. „blasen“ aus *blêwô*: ahd. *blâjan* aus *blêjô*;
cnáwan red. v. „wissen“ aus *knêwô*: ahd. *knâan* aus *knêjô*;
cráwan red. v. „krähen“: ahd. *krâen* aus *krêjô*; *máwan* red.
v. „mähen“: ahd. *mâjan* aus *mêjô*; *sáwan* red. v. „säen“: got.
saian, ahd. *sâen* aus *sêjô*; *dráwan* red. v. „drehen“ aus *þrêwô*:
ahd. *dráen* aus *þrêjô*; *wáwan* red. v. „wehen“ aus *wêwô*: got.
waian, ahd. *wájan* aus *wêjô*.

Ich weise schon hier darauf hin, dass dies merkwürdige
w nur in verben erscheint, die auf idg. *ā, ĕ, ō* auslauten.
Schon *Möller* Engl. stud. III 162 n; PBB. VII 469, dem sich
Hirt JF. XVII 281 f angeschlossen hat, hat dies *w* mit dem
lat. *v-* perfektum verbunden, ohne dass aber die beiden
forscher ihre ansicht näher begründet hätten. PBB. VII 469
heisst es: „Wurzel *nē* „nähen“, *sē* „sähen“, *vĕ* „wehen“, *gnē*
„kennen“ u. s. w., präsensstamm *nējo* genau wie in lat. *neo*
präsens vorgerm. *sējeti, vējeti* genau wie im slav . . . . . Das
neben dem prät. bestehende perfekt bildeten diese vokalisch
auslautenden verben alle mittels eines *v* . . . . . wie lat. *nōvi,
sēvi, nēvi*: 3. sg. vorgerm. *sesóve*, got. *saiso*, ags. *séow*, as.
(*oðar*)*sêu* Cotton., *gegnóve*, ags. *cnéow*. Das *v* des perfekts
ist im ags. *sáwan, cnáwan* etc. . . . . . ins präsens gedrungen.“

Zunächst nun sehen wir, dass genau derselbe vorgang
in den baltischen sprachen vorliegt, was *Bezzenberger* BB.
XXVII 178 ff erkannt hat. Verben wie lit. *stówiu, stowéti*
„stehn“, lett. *stâwu stâwét* „stehn, bleiben“ und lit. *dėwiù
dėwéti* „ich trage (ein kleid) angezogen“, die, mit lit. *stóju*
„ich trete“, lett. *stáju* „ich stelle“ und lit. *dėmi* „ich lege“
verglichen, deutlich perfektischen sinn haben, sind nach
Bezzenberger's ausführungen aus baltischen perfektformen
*stāu, *dēu = skr. *tastháu, dadháu* gebildet. Danach verhält
sich ags. *blówan* zu ahd. *bluojen* u. s. w. wie lett *stâwu* zu
lit. *stóju*; ein syntaktischer unterschied tritt allerdings in den
germanischen verben nicht hervor, was aber nicht hindern
kann diese theorie anzunehmen s. unten.

Zu dem lat. *v*-perfektum hat *Fick* GGA 1883, s. 594

skr. perfekta wie *jajñáu* gestellt, wo das *-u* nur in der 1.
und 3. sg. erscheint vgl. *Bezzenberger* BB. XXVI 154. Im
lat. ist dann das *u* (*v*) von der 1. 3. sg. durch das ganze
paradigma hindurchgeführt worden. Wir haben also fürs idg.
folgendes zu konstatieren, was m. e. völlig genügt: „Im idg.
wurde die 1. und 3. sg. perf. akt. von verben, die auf langes
ā, *ē*, *ō* auslauteten, durch ein angefügtes u gebildet."

Dass neue präsensstämme aus perfekten gebildet werden,
kommt häufiger vor. Im Pâli erscheint nach *Franke* BB.
XXII 217 das präsens *ahati* aus skr. *āha* gebildet. Aus dem
griechischen vergleiche πεπλήγω, ὀρώρομαι, κεκλύκω (*Bezzen-
berger* BB. V 318; *Brugmann* Griech. gram.[3] 328; *Froehde*
BB. XVI 184, der schon lit. *kláusiu* „frage", wie neulich
W. Schulze, als futurum erklärt; siehe dazu noch *Franke* a.
a. o. 218).

anord. *bóla* f „beule" aus germ. *bôulôn*; idg. *bhôu* in gr.
φωϝίς f „blasen auf der haut" (*Bechtel* Hauptprobl. 146)[1]:
got. *ufbauliþs* „aufgeblasen", ahd. *paula* f „blatter", armen.
boyl, gen. plur. *buliç* „menge" (*Meillet* MSL. XII 431);
nslov. *buhnoti* „anschwellen", nnorw. *baus* „hitzig, heftig,
stolz" (*Wadstein* PBB. XXII 238 ff): ahd. *bûlla* f „papula,
blatter", mnld. *bûle*, nndl. *buil*, ags. *býle* „geschwür, ge-
schwulst", aksl. *bylь* f „kraut" (*Miklosich* Et. wb. 26): ir.
bolach „papula".

Ablaut *bhōu*: *bhou*: *bhū*: *bhu* (*Osthoff* Suppletivwesen s.
66 f; *Wood* MLN. XIX 4 f).

mhd. *brüelen* „brüllen" aus germ. *blôuljan* neben mhd.
blüegen dass. aus *blôujan*: lit. *bliáuju bliówiau bliáuti* „brüllen"
(*S. Bugge* PBB. XXI 421).

anord. *dó* „ich starb" prät. zu *deyja* aus urnord. *dôw*,
dô — denn *w* schwindet schon urnord. nach ô s. *Noreen*
Pauls Grundr.[2] I 575; Aisl. gram.[3] s. 150 — aus germ.
dôwa gemäss unsrer regel, zu aksl. *daviti* „erwürgen" (*Mi-
klosich* Et. wb. 40); got. *afdauidai* Mtt. IX 36 aus *dôwitós*,
part. prät. zu einem *dôjan* aus *dôujan* = aksl. *daviti*.

---

[1] Anders *Prellwitz* Wb.[2] 499.

mhd. *druo* f „frucht“ aus germ. **þrówô*; anord. *þróast*
refl. v. „an umfang und grösse zunehmen“ aus **þrówôn*;
slav. *trava* f „gras, kraut“ (*J. Schmidt* KZs. XXVI 7): ahd.
trouwen sw. v. „pupiscere, crescere“, md. *ûf gedrouwen* „aufge-
wachsen“ (*Schade* wb.[2] 960) aus germ. *þraujan*; avest. *ϑrav*
„alere“ in *tuϑruyē* „er hat auferzogen, unterhalten“ (Verf. Zs.
f. deutsche Wortforsch. VII 170 f).

got. *flodus* m „flut“, ahd. *fluot* m f aus idg. *plôutús*;
ags. *flówan* st. v., anord. *flóa* sw. v. „überfliessen“ aus germ.
**flôwô*; anord. *flói* m „fjord“ aus **flôwên*; aksl. *plaviti*
„schwemmen“, *plavь* „schiff“; lit. *plówiau* prät. zu *pláuti*;
ep. ion. *πλώω* (*Fick* wb.[4] I 486): anord. *flaust* n „schiff“:
lit. *plúdyti* „obenauf schwimmen“: anord. *flytja* „fahren“.

Ablaut *plōu*: *plou*: *plū*: *plu*.

ahd. *fruo* adv. „früh“, mndd. *vrô* aus germ. **frówi*; gr.
πρωΐ, *πρῶ* „früh“ (*J. Schmidt* Neutra 69; KZs. XXVI 11, 15);
ahd. *fruoêr* „matutinus“ aus *frôujaz*=gr. *πρώϊος* adj. aus **πρώνjος*,
lett. *prùjam* „hervor, weg, fort“ (*Reichelt* BB XXVI 227;
Bezzenberger ib. XXVII 177 n; *Streitberg* PBB. XIX 187 n);
asächs. *frûa* sw. f. „frau“ aus germ. **frôwó* (*van Helten* PBB.
XVI 309 f; *Kluge* wb.[6] 123); gr. att. *πρῶτος* „erster“, dor.
πρᾶτος aus **πρώϜατος*; att. *πρώην* „vordem“; lat. *prōvincia*
„amt, geschäft, provinz“; aksl. *ispraviti* „καϑορϑοῦν“, russ.
právitь „herrschen, verwalten“, lit. *prowà* f „recht, gericht“;
aksl. *pravъ* „rectus, dexter“ (*Froehde* BB. XIV 115 f; *Miklo-
sich* Et. wb. 264): got. *frauja* m „herr“ vgl. *Fick* wb.[3] II 402;
Streitberg PBB. XIV 186 n: *πρύτανις* „prytan“, *πρυμνός*
„äusserster“, *πρύμνη* „schiffshinterteil“, lit. *prusnà* f „maul“
(*Bezzenberger* BB. XXVII 177).

Wie ist nun die entwicklung von ahd. *fruo*, mndd. *vrô*
zu denken? Vielleicht schwand *w* nach *ô*, nachdem das *i*
abgefallen, schon urgermanisch; dann müssten anord. *dó* und
gó auf urnord. *dô*, *gô* aus germ. *dô*, *gô*, älterem *dôw*, *gôw*,
zurückgehn. Wegen onord. *tú* = ags. *tú* aus germ. *twô*
(*Kluge* Pauls Grundr.[2] I 487; *Noreen* ib. 627) wird *frô* erst
urdeutsch aus *frôw* entstanden sein; fürs urnord. ergiebt sich,

dass die wandlung von auslaut. ō in ū älter ist als der schwund von *w* nach ō.

ags. *glówan* st. v. „glühn“, anord. *glóa* sw. v. aus **glówô*; kymr. *glo* „kohle“ (*Stokes* Sprachschatz 120).

anord. *gó* prät. zu *geyja* „bellen“ aus germ. **gówa*; germ. *gaujan* mit spezialisierter bedeutung zu lit. *żawéti* „besprechen“, aksl. *zovą* „rufen“, skr. *hávate* „ruft“ (*Fick* wb.³ III 97; *Osthoff* BB. XXIV 177 ff; *Falk-Torp* Et. ordb 1 231). Zu anord. *geyja* gehört auch anord. *gaula* „brüllen“, das nicht mit *Zupitza* GG. 172 zu lit. *gaūsti* „heulen“ gehört, da dies nach *Bugge* BB. III 119 mit gotl. *kaum* „geheul“, ags. *ćiezan* „to call“, ahd. *gikewen* „vocare“ (Tat. 141, 7), gr. *γόος* „geheul“ verwant ist. *Zubatý* BB. XVIII 262 trennt lit. *gŭstis* „sich beklagen“ von *gaūsti*, was kaum richtig ist; übrigens gehört zu bulg. *gadja* „ermahnen“, poln. *gadać* „reden, plaudern“, russ. *gadátь* „wahrsagen, raten“ skr. *gadati* „hersagen, sprechen“, die schon *Bopp* Gloss. zusammenstellte.

ahd. *guomo* m, mhd. *guome* „gaumen“, ags. *góma*, anord. *gómr* m, nschwed. *gom* dass. aus *gôum-* = lett. *gúmurs* „gaumen“ (*Miežinis*): ahd. *goumo* m dass.: ahd. *giumo* dass., das *Singer* PBB XI 297 f nicht beseitigt hat (*J. Schmidt* KZs. XXVI 8; *Bechtel* Hauptprobl. 275 f; *Pedersen* KZs. XXXIX 339).

anord. *hópr* m „haufe“, aschw. *höper*, nnorw. nschw. *hop*, ndän. *hob*; ags. *hópig* adj „in hills and hollows“ (*Bosworth-Toller* 552) aus idg. *kōub*; lit. *kŭpti* „häufeln“, lett. *kúpa* „haufe“ aus idg. *kōup*. Wie nhd. *bucht* zu *biegen* so gehören zu gr. *κυφός* „gekrümmt, gebückt“, *κυφόω* „krümmen“ aus idg. *kūbh* auch anord. *hóp* n „liden indesluttet bugt af søen“, nnorw. *hop* „en smal vig af søen“ (*Aasen*), ags. *hóp. gehnást* „the dashing together of waves in a bay“ aus idg. *kōub*. Ferner gehören hierher ags. *hóp* m „reifen“, nengl. *hoop* „band, tonnenband, fassreifen“, ndl. *hoep* „ring, reifen“, afries. *hôp* m „reif, band“ vgl. gr. *κύφων* m „das krummgebogene holz, das joch“, *κύπτω* „sich bücken“: avest. *kaofa*, apers. *kaufa* „bergrücken, höcker“, npers. *kōh* „berg“, *kōha* „höcker“; lit. *kaūpas* „haufe“, aksl. *kupa*, ags. *héap* dass., afries. *hâp*, ahd.

houf; lit. *kūpà* „haufe“, ahd. *húfo* dass., gr. *χῦφος* „buckel“: lit. *kupetà* „haufen“, *kuprà* „buckel“, ahd. *hovar* dass., *hof* „hof“, nnorw. *hov* „erhöhung“.

Idg. *kōup* (*b*): *koup* (*b*): *kūp* (*b*): *kup* (*b*).[1] (*J. Schmidt* Urheimat 22 n; *Falk-Torp* Et. 6rdb. I 295 f).

got. *hrot* n „dach“ aus *hróutan*; ags. *hróst* m „stange“, *hróst. béag* „woodwork of roof“, asächs. *hróst* n „sparrenwerk des hausdachs“, nengl. *roost* „hühnerstange“; anord. *hrót* „dach“, nnorw. *rot* „das innere dach, der raum unter dem dach“: lit. *kraūtė f* „bodenraum“, anord. *raust*, nnorw. *røst* „hausgiebel, dachwinkel“: aksl. *kryti* „decken“, russ. *krýša króvlja* „dach“ (*Wiedemann* JF. I 194; *Bezzenberger* BB. XXVII 170; *Falk-Torp* Et. ordb. II 118, 136; *Lidén* Nordiska Studier (Uppsala 1904) 432 ff; *Charpentier* BB. XXX 155 ff).

anord. *kló f* „klaue“, ndän. nschw. *klo* dass. aus germ. **klówô*; daneben *klêwô* in andd. *klâwa* sw. f, ahd. *chlâwa* st. f, ags. *clá, cléo* (*Sievers* Ags. gram.[3] § 112 n 1); skr. *glau* „ballen“, ir. *gló-snáthe* „linea“: ags. *cléa* aus germ. *klawô* (*Stokes* Sprachsch. 120; *Persson* Wurzelerw. 130; *Zupitza* GG. 146 f; *Falk-Torp* I 380).

ahd. *chuo f* „kuh“, asächs. *kô* gegen anord. *kýr*, jütländ. *kū*, ags. *cú*, afries. *kû* begreift sich aus einer got. flexion **kaui, *kojos* = skr. *gāvĭ* (doch wol *gāvĭ*; *Kern* KZs. XXI 238), *gāvyās* vgl. lett. *gûws* „kuh“ (i-stamm; *J. Schmidt* KZs. XXV 18; *Zubatý* BB. XVIII 248 f). *kwōvĭ* mit derselben betonung wie got. *mawi* usw. wurde gemäss unserm gesetz zu *kwūĭ kūĭ* (*J. Schmidt* Neutra 69 f).

mhd. *kuose f* „schaf“, nhd. tirol. *küese* „weibl. kalb od. schaf“, bair. *küesse f* „färsenkalb“ aus germ. *kôsô* aus idg. *gᵛōusā*: ir. *bós* „rindvieh“ aus *bousso*: anord. *kussa f* „kuh“, *kussi* m „kalb“, nschwed. *kossa* (*Schade* wb.[2] 525; *Bezzen-*

---

[1] Auf eine wz *kuk* „sich krümmen, sich wölben“ geht auch lit. *kaūkas* „beule“, *kaukarà* „hügel“ zu skr. *kuñcate* „krümmt sich“ zurück. Allgemein stellt man hierher germ. *hauhaz* „hoch“ (*Uhlenbeck* Aind. wb. 56). Man kann aber unmöglich den begriff „hoch“ aus „hügel“ abstrahieren. Ich stelle daher *hoch* zu lit. *száuszŭs* „sich emporsträuben“ (vom haare).

berger Stokes' Sprachsch. 178; über die schwankende bedeutung von tiernamen handelt *Zupitza* BB. XXV 102 ff).

aschwed. *lō f* „dreschtenne“, ndän. *lo* aus *lū-*, wie finn. *luuva* „tribularium“ beweist (*Noreen* Aschwed. gram. s. 113), aus germ. **lôwố* = lit. *lówa* f „bett“, slav. *lava* „bank“[1]); germ. *lêwôn* liegt vor in anord. *láfi (lófi)* m „dreschtenne“ (*Noreen* Aisl. gram.³ s. 70; Lautl. 35; *Meringer* Stellung des bosnischen Hauses s. 100). griech. ἄλως, ἀλωή hat nach *Solmsen* Untersuch. z. griech. Laut- u. Versl. s. 107 ff fernzubleiben.

anord. *nór* „schiff“ aus germ. **nốwaz* durch übertritt in die a-dekl.; skr. *náuṣ*, homer. νηῦς, lat. *nāvis*, ir. *nau nóe* „schiff“, kymr. *noe* „gefäss“ : anord. *naust* n „statio navalis“ (skr. *goṣṭhá: gauṣ* = anord. *naust* : skr. *nauṣ*; *Bezzenberger* K Zs. XXII 278), avest. *navāza* „schiffer“ (*P. Horn* ib. XXXVIII 290), homer. ναῦφι: nnorw. *nú* „ausgehöhlter baumstamm“, das nach unserm gesetz aus obliquen kasus mit der betonung von skr. *nāvắ* etc., gr. νᾱϝός entstanden sein kann; ahd. *nuosk* m „rinne, röhre, trog“ (*Schade* wb.² 661), aus *nôuskaz*; got. *binauan* „zerreiben“, ahd. *nûan,* anord. *gnúa* aus germ. **nôwố*; germ. **nốw-* liegt noch vor in ags. *nówend* m „nauclerus, master of ship“ vgl. *Sweet* p. 126; *Napier* Old English Glosses zu 1, 32 (*J. Schmidt* KZs. XXV 20; ib. XXVI 8; Ber. d. Berliner Akad. 1899, s. 308; *Streitberg* Zur germ. Sprachgesch. 50 f; *Meringer* JF. XVII 149 ff).

ahd. *ruowa* f „ruhe“, ags. *rốw,* anord. *ró* aus germ. **rốwô* = gr. ἐρωή „ruhe, rast“; daneben ahd. *râwa* aus *rêwô* (*Fick* KZs. XXII 375 f); anord. *rór,* ags. *rôw* adj. „ruhig“ aus germ. **rốwaz*

got. *sauil* n „sonne“, ags. *siʒel* (*Sievers* PBB. VI 565 f) aus germ. **sôwél*; gr. kret. ἀβέλιος; lat. *sōl* aus *sāwel* nach *Mahlow* AEO. 32; *Solmsen* KZs. XXXVIII 454 f. Germ. *sûil* aus **sôwél* liegt vielleicht auch vor in aschwed. *andsȳlis* adv. „i retning mod solen“ und *rætsȳlis* „med solen“ (s. aber auch skr. *sûrya* „sonne“), während in aisl. *andsốlis* und *réttsốlis*

---

[1]) Vgl. Verf. Zs. f. d. Wortf. VII. 268 f.

urgerm. *sól-* aus *sôul-* steckt; lit. *sáulę* aus **săwelė* nach *Bezzenberger* BB. XVII 224: anord. *sól*, ndän. *sol* aus *sôul-* (*J. Schmidt* KZs. XXVI 9; *Stokes* Sprachsch. 292). Über got. *sugil* (runenname in der Salzburger hs.) vgl. *Grienberger* Ark. f. nord. Fil. XV 14 f.

got. *skohs* m „schuh", anord. *skór* aus germ. *skôuhaz*: got. *skaudaraip* „lederriemen": griech. σκῦτος „haut, leder" (*Zupitza* GG. 153; *Falk-Torp* II 192 f). Der plural *skúar* von *skór* im anord., über den *Noreen* Aisl. gram.[3] § 128 b; 350 n 3 zu vergleichen ist, entstand aus *skôuhwŏs*, einer weiterbildung zu germ. *skôuhaz* (*Noreen* Lautl. 35; der akzentwechsel im plural kann in diesem fall mit dem alten dual zusammenhängen); *skôuhwŏs* ergab *skôʒwŏs*, das nach *Sievers* PBB. V 149 zu *skôwŏz* werden musste, dann weiter zu *skûôz* nach unsrer regel. Das wort ist für die chronologie von höchster wichtigkeit, weil es folgendes ergiebt:

1. wurde *ôu* vor konsonant zu *ô*,

2. schwand *ʒ* nach der Sieversschen regel,

3. wurde *ôu* vor vokal in vortoniger stellung zu *û*.

Sicher indessen ist nur, dass 1. vor 3. und 2. vor 3. geschah, denn die entwicklung kann auch folgende gewesen sein:

skôuhwŏz > *skôuʒwŏz* > *skôuwŏz* > *skôwŏz* > *skúôz* d. h. die wandlung des *ôu* vor konsonant läge so nach *Sievers'* regel. Eine entscheidung ist mir nicht möglich.

ags. *scómhylte* (n? *Bosworth-Toller* 838; *Sweet* 149) „a shady wood, thicket, shrubbery" aus germ. *skôum-*: anord. *skume* m „dunkel".

ahd. *scuonin* f „glanz, schönheit" (Isidor ed. Hench 28) aus *skôuni*: got. *skaunei* f „schönheit".

ags. *snówan* red. v. „eilen" aus germ. **snôwô*; anord. *snúa* red. v. „wenden" aus **snôwó* vgl. skr. *snauti* „trieft", got. *sniwan* „eilen" (*Fick* wb.[4] I 575; *Uhlenbeck*, PBB. XXX 309). Ags. *snówan* verhält sich zu anord. *snúa* wie got. *weihan*: anord. *vega*, dor. *εἴκω*: skr. *viçáti*, anord. *tiá: tega* s. auch oben unter *nór* (*Osthoff* PBB. VIII 288; *Brugmann* Grundr. II 913 ff; *Streitberg* Urgerm. gram. 289 ff).

got. *snorjo* f „flechtwerk" (*Kluge* Stammbildungslehre[2] § 80 ff), ahd. *snuor* f „schnur" aus germ. *snôur-* (*Sievers* PBB. V 112), avest. *snāvarə* „sehne", skr. *snāvan* n „band, sehne": gr. νεῦρον „sehne" (*Pott* Et. F. II[2] 378; *J. Schmidt* KZs. XXVI 10; Neutra s. 200).

ags. *stów* f „stelle", anord. *eldstó* f „feuerstätte, herd", nnorw. *sto* f „en malkeplads, hvileplads for kreature" (*Aasen*) aus germ. **stówô* = lit. *stowà* f „stelle" aus *stōwā̊*; daneben got. *staua* f „gericht", ahd. *stûatago* m „gerichtstag" (Musp. 55) aus germ. *stûô* aus germ. **stôwố*. Ags. *stów* und ahd. *stûa* bildeten ursprünglich ein paradigma mit wechselndem akzent; infolge der verschiedenen bedeutung aber differenzierten sie sich. Got. *staua* m „richter" aus germ. **stôwố̄n* (vgl. *Brugmann* Grundr. II 324); got. *stojan* „richten, beurteilen = ahd. *stuowan*, prät. *arstuota* (*Graff* VI 728) aus *stôujô* = russ. *stávitь* „stellen"; ags. *stówian* „to hold back, restrain", mengl. *stowen*, nengl. *stow* „to pack away" aus germ. **stôwôjan* (vgl. nhd. *verstauen*). Ahd. *stouuen* in der bedeutung gleich *stuowan*, das *Koegel* PBB. IX 513 ff behandelt, geht auf germ. *staujan* zurück vgl. die vokalstufe von anord. *staurr* m „pfahl", gr. σταυρός „pfahl", lat. *restauro*. Ebenso geht ahd. *bauuen*, *beuuen* „bebauen, bearbeiten, drücken, drängen" (*Koegel* ib. 515 f, 532) auf germ. *baujan* zurück (*Hoffmann* BB. XXI 137 f); ahd. *stouuen bouuen* ist zu erklären wie *strouwen, touwen, douwen, fouwen, flouwen* aus germ. *straujan, daujan, þaujan, faujan, flaujan* nach der skr. IV. kl. (*Koegel* ib. 531 ff); damit fällt *Heltens* hypothese (PBB. XV 486) zusammen.

ahd. *struot* f „sumpf, sumpfige stelle" aus idg. *srōutús*; lit. *sriowẽ* f „strömung", gr. ἐρωέω „fliessen": lett. *strauts* „regenbach": lit. *srutà* f „mistjauche" (*Schade* wb.[2] 884 f).

got. *taui*, gen. *tojis* n „werk" gewiss aus germ. *tôujan* (germ. *ô* vor vokal wurde got. *au* (*å*); die entwicklungsreihe ist *tôujan* > *tōjan* > *tōja* > *tôi* = got. *taui*, was ich wegen *J. Schmidt* KZs. XXVI 4 bemerke), worauf auch lapp. *tuoje, duögje* „opus, arbejde, håndværk", finn. *työ* dass., aus einem germ. *tôja* entlehnt, hinweisen vgl. *Thomsen* Ark. f. nord filol. XV 195 f. Ags. anord. *tól*, nengl. *tool* „werkzeug" aus *tôulan*; got. *ubiltojis* m „missetäter" aus *-tôujas*; anord. *téja týja* sw. v. „helfen" setzen eine german. flexion *tôjan* aus *tôujan*, prät *tûidôn* aus *tôwidôn* voraus. Ein germ. **tôwan* n liegt noch in folgenden worten vor:

anord. *tó* n „urenset, uredet uld eller lin" (*Fritzner* Ordbog[2] III 709), nnorw. *to* n „stof til at spinde eller væve, traadstof; oftest om hør eller hamp, dog ogsaa om uldgarn" (*Aasen*). Länge des vokals nehme ich auch in den entsprechenden englischen wörtern an:

ags. *tów. cräft* „skill in weaving or spinning", *tów. hús* „a spinning-house", *tówlíc weorc* „textrinum opus", *tów. tól* „an implement for spinning" (*Bosworth-Toller* 1009, 1011); mengl. *tow* „hede", nengl. *tow* dass.; die englischen lautgesetze widerstreben einer entwicklung von ags. *tów* zu nengl. *tow* (*tôu*) nicht. In der bedeutung „hede" begegnet uns noch asächs. *tou* „stuppa" (ahd. gl. II 576, 4) aus germ. *tawwa-* (*Koegel* PBB. IX 525), mnd. *touw* „werg"; weiteres bei *Schade* wb.[2] 1232 f, wo auch das von *Kluge* wb.[6] 390 nicht richtig behandelte nhd. *tau* n erklärt wird. Nengl. *tow* verhält sich hinsichtlich seiner bedeutung zu got. *taujan* wie nhd. *werg* zu *wirken* (*Meringer* JF. XVII 153 ff).

ags. *þrówigean* „to suffer" (mit langem *o*, wie die metrik ergiebt!) aus germ. **þrówôjan*; ahd. *thruoen*, prät. *thruota* Tat. 102, 1 (*Sievers* Tatian[2] s. 473) dass. aus *þrôujan*; gr. τρώω „verletzen", ion. τρῶμα n „wunde" aus **τρώυμα* (*Kretschmer* KZs. XXXI 385; *Hoffmann* Griech. dial. III 366), τρῶα· ἀρπεδόνη Hes; russ. *travítъ* „hetzen, jagen", pol. *trawić* „verdauen, verzehren, verarbeiten; verbringen; abzehren" (*J. Schmidt* KZs. XXVI 7): anord. *þreyja* „sich sehnen"; ags. *þréa* f „threat, punishment, affliction, plague", *þréan* „to reprove, reproach; to punish, torment, afflict"; asächs. *githrôon* „bedrohn", ahd. *thrauuuen*, mhd. *dröuwen* „dräun" aus germ. *þraujan*: bret. *gourdrouz* „drohung" (*W. Wackernagel* Glossar zum lesebuch unter „*dröuwen*"; *Zupitza* BB. XXV 100; *Karsten* Beiträge zur germ. wortkunde).

II.

got. *bairos* „wir beide tragen" aus germ. *bérôwiz* = skr. *bhárāvas* (*Bezzenberger* BB. V 319n; *J. Schmidt* K Zs. XXVI 11f; *Streitberg* Zur germ. Sprachgesch. s. 108; *Helten* IF. XVI 70).

III.

got. *ahtau* „acht" = skr. *aṣṭáu*.

got. *bairau* 1. sg. konj. praes. akt. aus idg. *bherōu* (*Bezzenberger* BB. XXVI 152ff; *Janko* IF. Anz. XV 263).

got. *sunau* dat. sg. aus idg. *sunōu* (*Bezzenberger* Gött. nachr. 1885, s. 161f; BB. XXI 302ff).

anord. *tvau* n „zwei" = skr. *dvau* (*Meringer* KZs. XXVIII 239; *Streitberg* Zur germ. Sprachg. 98ff).

anord. *þau* neutr. plur. zu *sá* „er" = skr. *táu* (*Noreen* Pauls Grundr.^{2} I 621f).

Exkurs: Die entstehung der schwachen feminindeklination im germanischen.

		Got.	*Ahd.*
sing.	n.	*tuggo*	*zunga*
	g.	*tuggons*	*zungûn*
	d.	*tuggon*	*zunûn*
	a.	*tuggon*	*zungûn*
plur.	n.	*tuggons*	*zungûn*
	g.	*tuggono*	*zungôno*
	d.	*tuggom*	*zungôm*
	a.	*tuggons*	*zungûn*

J. Schmidt Neutra 74n, 111ff, 116 hat zu beweisen gesucht, dass die femininen n-stämme im germ. eine konsequenz der schwachen adjektiva sind, indem er richtig davon ausging, dass femin. auf -*ôn* alte *ā*-stämme sind, welche erst im germ. das *n* erhalten haben vgl. got. *widuwo* = lat. *vidua*, *qino* = aksl. *žena*, *dauro* = gr. *ϑύρα* u. s. w. Die erklärung *Scherer's* GDS.^{2} 562f, der den ausgangspunkt der neubildung in dem missverstandenen gen. plur. germ. -*ônôm* = skr. -*ānām* suchte, weist er mit recht zurück. Nach meiner ansicht liegen nun die dinge so, dass wir zum teil doch mit *Scherer's* ansicht

zu rechnen haben; anderseits haben, wie wir sehen werden,
auch die mask. *n*-stämme zur entstehung der femin. schwachen
deklination mitgewirkt.[1]) Die erklärung, die *Loewe* Germ.
Sprachwissenschaft s. 93 bietet, mag auf sich beruhn.

Betrachten wir das paradigma des gotischen und althoch-
deutschen — wegen des anord. verweise ich nur auf *Noreen*
Aisl gram.³ § 130n 1—, so ergibt sich folgendes: vom nom.
sg. abgesehn, der auf germ. -*ôn* führt und idg. -*ā* gegenüber-
steht, ist der gegensatz zu bemerken, der zwischen gen. dat.
plur. und den übrigen formen besteht; dort entspricht ahd.
-*ôn*- dem got. -*on*-, hier aber liegt got. -*on*- neben ahd. -*ûn*.
Da natürlich ahd. *ûn* aus got. *on*, schon wegen des gen. dat.
plur., lautgesetzlich nicht erklärt werden kann (*Möller* PBB.
VII 543 ff), so müssen hier ganz besondere verhältnisse vor-.
liegen. Zunächst entspricht gen. dat. plur. dem skr. -*ānām*,
-*ābhyas*, führt also nebst dem nom. sg. auf idg. *ā* zurück.
Der gegensatz von got. -*on*- und ahd. -*ûn*- beruht dagegen,
wie herr geheimrat *Bezzenberger* vermutet, auf einem idg.
ablaut *ōu*: *ū*. Hierher stellt er die lett. femininen bildungen
auf -*ůnis* (s. *Bielenstein* Lett. spr. § 217; *Mühlenbach* IF. XVII
428 f); ich nenne hier *mákůnis* „wolke“, *dſelůnis* „stachel“,
áugůnis „geschwür, gewächs“, *kustůnis* „insekt“, *kársůnis*
„hitziges fieber“. Zu diesen lett. bildungen füge ich die
griechischen auf -ωνός, -ώνη (*Brugmann* IF. XVII 487 f), die
an idg. ŭ-stämme anzuschliessen sind: υἱωνός „enkel“, κορωνός
„gekrümmt“, κορώνη „krümmung“, κολωνός κολώνη „hügel“,
χελώνη „schildkröte“, κορώνη „krähe“.

Ein idg. *ōu* als ableitendes element, worüber *Prellwitz*
GGA. 1886, s. 764 ff zu vergleichen ist, liegt auch in ags.
módrie módrige sw. fem. „matertera“ vor, das gemäss den
ausführungen von *Sievers* Zum ags. Vocal. 19 ff nur auf germ.
mōdrōjōn, nicht mōdrujōn (*Brugmann* IF. XVII 360n), zurück-
geführt werden kann; dies ist idg. *mātrṓujā* „matertera“,
substantiviertes adjektiv, gleich gr. μητρῴα von μητρῷος „mütter-

---

[1]) Jetzt sind noch die ausführungen von Brugmann IF. XVIII
424 ff zu beachten.

lich" vgl. gr. *μήτρως* m „mutterbruder" aus *μάτρωϝ*. Mit dem
ablaut *ōu: u* gehört hierher gr. *μητρυιά* f „stiefmutter", armen.
mauru dass., das nach *Sievers* a. a. o. 20f ags *médrie* er-
geben hätte.

Das *ú* der ahd. formen haben schon *Möller* PBB. VII 543 ff
und *Streitberg* PBB. XIV 220; Urgerm. gram. 258 mit dem
ū von aksl. *językъ* und dem der slavischen feminina auf *-yni* ver-
bunden (s. noch *Zubatý* Arch. f. slav. Phil. XXV 355 ff) und
dadurch der forschung den rechten weg gewiesen. Wie gr.
χελώνη „schildkröte" neben äol. *χελόνᾱ* liegt, so got. *tuggon-*
neben ahd. *zungûn-*. Führt man nach allem eben bemerkten
got. *-on-* auf idg. *-ōunā* oder *-ōunis*, ahd. *-ûn-* auf idg. *-ūnā*
oder *-ūnis* zurück, jedenfalls wirkte in früher urgermanischer
zeit auf die entstehung der deklination die analogie der mask.
n-stämme ein z. b. nom. plur. *tungôniz* und *tungûniz* traten
für *tungônôz, tungûnôz* resp *tungôniz, tungûniz* nach *gomaniz*
ein usw. Näheres über die zusammenfügung dieser ver-
schiedenartigen elemente zu einem paradigma im germanischen
zu ermitteln, ist mir nicht möglich.

5. Idg. āi im Germanischen.

Die behandlung von idg. *āi* in germanisch betonter silbe
ist nicht ganz klar. Denn got. *aiws* m „zeit", das *Brugmann*
Grundr.[2] I 208, allerdings zweifelnd, aus *āiw-* erklären will,
ist von *J. Schmidt* Neutra 142 f, 147, 397 n; KZs. XXXVIII
49 abschliessend behandelt worden. Danach ist ein ursprgl.
áivos, gen. *ajusés* „lebensalter" anzusetzen, skr. zu *áyuṣ* aus-
geglichen; davon koll. fem. *aivós*, das in gr. *αἰῶ* akk., *αἰεί*
lok. vorliegt; *aivós* ergab asächs. *êu* m „gesetz.

Vor vokal erscheint *āi* im got. als *ai*[1]): got. *laian* „tadeln"
aus *lâjan*: aksl. *lajati* „bellen, schimpfen" *(J. Schmidt,* KZs.
XIX 279; *Mahlow* AEO. 141; *Collitz* BB. XVII 14; *Fick*
wb.[4] I 532): ir. *líim* „klage an" aus idg. *lī (Wiedemann* BB.
XXVIII 58).

---

¹) [Dies beruht wie die erklärung von *armaio* auf einem irrtum,
was ich hier nur noch andeuten kann. Korr.-n.]

got. *faian* „tadeln" aus *pājan:* aksl. *pojǫ* „singe", gr. *παιάν* „lobgesang" (*Wiedemann* BB. XXVIII 38n) und *ἔμπαιος* „kundig, verständig" s. die weitern zugehörigen bei *Fröhde* BB. XVII 307; ablaut *āi : ai.*

In unbetonter silbe ist idg. *āi* zu *ai* geworden:

got. *þizai* dat. sg. fem. vgl. skr. *tásyai (Schmidt* KZs. XXVII 302).

got. *gibai* dat. sg. (*Brugmann* Grundr. II 599 ff).

got. *armaio* sw. f. „barmherzigkeit" aus *armājōn;* verhält sich zu *armāi-* in got. *armaiþ* „er erbarmt sich" wie got. *brinno* sw. f. „fieber" zu *brinnan* „brennen" (*Bezzenberger* Geras für Fick s. 206).

got. *habais, habaiþ* aus *-āisi, -āiti* (*J. Schmidt,* Festgruss an Roth 179 ff, 184 ff; *Bezzenberger* Geras für Fick s. 204 ff). Sehr bemerkenswert ist, dass das Pali ebenfalls eine *āi*-klasse hat: *gaheti* (vgl. skr. *gṛbhāyáti), vadeti, matheti* (vgl. skr. *mathāyáti), vadheti* u. s. w. (*Franke* BB. XXIII 176).

---

6. Idg. ēi im Germanischen.

L. Meyer, K Zs. VIII 245 ff. J. Schmidt, Vocal. II 408 ff. Mahlow, AEO. s. 163. Paul, PBB. VII 157 ff. Koegel, PBB. IX 509 ff. Holtzmann, Altd. gram. 11 f. Bremer, PBB. XI 1 ff. Singer, PBB. XI 294 f., 302. Schrader, BB. XV 131 ff. Jellinek, PBB. XV 297 ff. Holz, Urgermanisches geschlossenes ē und verwandtes. Leipzig 1890. Sievers, PBB. XVI 238 ff, XVIII 409 f. Holthausen, Anz. f. d. Alt. XVII 185 ff. Noreen, Urgerm. lautl. 30 ff. Mikkola, BB. XXII 244. Ehrismann, Literaturbl. f. germ. u. roman. Phil. 1895, s. 217 ff. Kossinna, Festschrift zur 50jährigen Doktorjubelfeier K. Weinholds (1896), s. 37. Streitberg, Urgerm. gram. 65 ff. Brugmann, Grundr.² I 206 f. Franck, Zs. f. d. Alt. XL, 1 ff. Luft, Zs. f. d. Alt. XLI, 234 ff. Helten, PBB. XXI 438 ff., 445 ff. Bethge, Dieters Laut- und Formenl. s. 33 ff. Hoffmann, Geras für Fick s. 33 ff.

I. In betonter silbe.

Idg. ē ist im allgemeinen im got. durch e, im nordischen und westgermanischen durch â vertreten (*Bremer* PBB. XI

1 ff.). Ebenso führt got. e, nord.-westgerm. â auf ein german. ê zurück, welches aus idg. ēi mit gestossenem ton vor konsonanz entstanden ist; das ergiebt got. *letan*, ahd. *lâzan*, anord. *láta* = *lit. léidžu* „lasse" vgl. *O. Hoffmann*, Geras für Fick s. 35 f., 59 f.

Ein besonderes schicksal hat auch idg. ēi mit gestossenem ton vor vokalen gehabt, indem es got. als ai, ahd. als âj erscheint; beispiele dafür sind:

got. *waian* „wehn", ahd. *wâjan*, afries. *wâja*, mnld. *wâjen:* ved. *vắyati* „wehn", aksl. *vějati* „wehn, worfeln" vgl. den akzent von lit. *véjas* „wind".

got. *saian* „säen", ahd. *sâjan*, ndl. *zaayen:* lit. *séju, séti*, lett. *séju, sêt*, aksl. *sějati* dass.

ahd. *tâan* „säugen": skr. *dhắya* „nährend": lett. *dîlít* „säugen".

Weiteres über diese verba bei *Bremer*, PBB. XI 51 ff.

Ein zweites germanisches ê = got. e = nord. ags. é = ahd. ê, ea, ïa, ie geht, wie *Jellinek* und *Sievers* erkannt haben, auf idg. ēi vor konsonanten zurück, das demnach geschleiften ton gehabt hat vgl. *Franck*, Zs. f. d. Alt. XL 56 n 2.

nnorw. *fēl* m „rahm, dickgemachte milch" aus *fêilaz:* avest. *paēman* n „milch der weiber", npers. *pīnū* „saure milch, frischer käse", lit. *pĕnas* „milch" (*Falk-Torp* I 156; *Wiedemann*, BB. XXVIII 39); *fēl* sieht aber wie eine kontaminationsbildung von nisl. *þél* n „buttermilch" und einem **fail* od. ähnl. aus; die deutung aus *fêilaz* bleibt also unsicher.

got. *fera* f „seite", ahd. *fêra, feara, fiara* f dass. aus germ. *fêirô* (bisher unerklärt vgl. *Schrader*, BB. XV 132 f., *Uhlenbeck*, PBB. XXX 275): lett. *pîre* f „stirn" (*Ulmann*, 195).

ndd. fries. *hêde* „werg" aus germ. *hêizdôn:* ndl. *herde*, ags. *heorde*, nengl. *hards hurds* dass. aus germ. *hizdôn* (*Sievers*, Zum ags. Vocal. 25; *Murray*, NED. V 89; *Kluge*, wb.⁶ 166). Hierher gehört auch ags. *heorđ-:* hád- „haar" aus germ. *hizd-* und *haizd-* (*Pogatscher*, Beibl. zur Anglia XII 196 ff., XIII 233 f.), alles demnach zu lat. *caesaries* „haupthaar", skr. *kesara* dass. und vielleicht zu lit. *kaiszti* „schaben", *apkaiszti*

„abreiben“, *nukaiszti* „abschaben“ (*Zubatý*, Arch. f. slav. Phil.
XVI 385), wenn sie auf einen praesensstamm idg. *kais-sçe-*
(vgl. *J. Schmidt*, KZs. XXVII 332) zurückführen. Ebenso
liegen nebeneinander gr. κεσκίον „werg“, čech. *pačes* „werg“,
poln. *paczes* „hede“ und anord. *haddr* m „haar“ zu aksl.
česati „kämmen“, poln. *czesać* „kämmen, striegeln, hecheln“
(*Bezzenberger*, GGA. 1874, s. 1242; BB. XXVII 168; *Fick*,
wb.⁴ I 390).

Für die obigen worte ist ein idg. ablaut ēi: ai anzusetzen,
der dem ablaut ē: a parallel geht (*Bezzenberger*, BB. V 312 ff.,
XXVII 167).

got. asächs. *h ê r*, ags. *hér*, ahd. *hiar* „hier“ aus idg.
çēir: *çei* in as. *hir* (*Holthausen*, Asächs. Elementarb. § 93 n),
vielleicht in anord. *hinn* aus germ. *hînaz*, gebildet von einem
lok. sg. *hî* = griech. ⟨ἐ⟩κεῖ (*Falk-Torp* I 289); oder ist germ.
hînaz aus *hijinaz* = lesb. κῆνος, att. ⟨ἐ⟩κεῖνος aus idg. *çejenos*
(*Prellwitz*, BB. XV 154 ff.) entstanden?

ags. *c é n* m „fichte“, ahd. *kên* m „fichte; fackel, licht-
span“ (*Sievers*, PBB. XVI 251) aus germ. *kêiznaz* (*Weyhe*
PBB. XXX 55 ff.).

asächs. *l ê f* adj. „krank, schwach, gebrechlich“ aus
germ. *lêibaz*: lit. *laibas* „zart, dünn, schmal, schlank; dürr,
hager“; aksl. *libivъ* „zart“ (*Noreen*, Lautl. 32).

ags. *m é d* f „lohn“, ahd. *mêta*, *miata* dass. aus germ.
mêizdô: got. *mizdo*, ags. *meord* dass. (*Jellinek*, PBB. XV 299;
Sievers ib. XVIII 409).

mnd. *berêv* „nutzen, vorteil“, mnld. *gerief* dass. aus germ.
rêiƀ-: mnld. *gerijf*, mnd. *gerif* dass. *Helten*, PBB. XXI 444):
lit. *rëbùs* „fett“ (vgl. skr. *sphâyate* „fett werden“: ags. *spéd*
„glück“).

ahd. *sciena* f „schiene“ (Graff VI 499), wenn überhaupt
zuverlässig und nicht rein graphisch, ist germ. *skêinô*: ags.
scia „shin“: ags. *scinu*, ahd. *skina* dass.; germ. *skêinô* ent-
spräche dann pehl. *skān*, npers. *askānī* „wade“ aus idg.
skēin- (*Scheftelowitz*, ZDMG. 59, 692)¹).

---

¹) Gehört hierher preuss. *etskīuns* „auferstanden“ wie skr. jaṅghā
„bein vom knöchel bis knie“ zu got. *gaggan*?

ahd. *stiagil* m „gradus“, *stiega* „ascensus“ (Graff, VI 626 f., *Jellinek*, PBB. XV 298): got. *staiga* f „weg“.

anord. *vél* f „list, trug“ aus germ. *wêilô*; idg. wz. *wil*, die bisher nicht gesichert war (*Zupitza*, GG. 142 n), liegt vor in prakrit *vellaï* „sich bewegen“ (weiteres bei *Pischel*, Prakritsprachen § 107) und in ags. *gewilian* „to bind“ bei *Napier* Old English Glosses 1, 3560). Von anord. *véla* „sich beschäftigen“ ist *véla* „überlisten“ ganz zu trennen vgl. *Noreen* Aisl. gram.³ § 507 mit anm. 2.

mengl. *wēl*, nschott. *weel* aus germ. *wêil-* (*Holthausen* Beiblatt zur Anglia XIII 16 ff.): got. *waila* „wohl“, skr. *vélā* f „treffpunkt, grenze, zeitpunkt, gelegene stunde, gelegenheit“, air. *féil* f „fest“ (*Brugmann*, JF. XV 99 ff., ib. XVI 503 f., *Meringer* ib. XVI 149 f.). Got. *waila* geht m. e. auf idg. *woilām* akk. sg. von *woilā* f = skr. *vélā* zurück (vgl. gr. καιρὸν ἐφήκεις), wie ich solchen adverbialen akk. sg. auch in den got. adverbien auf *-ba* sehe, die schon *Osthoff*, KZs. XXIII 92 f. zu den slav. abstraktis auf *-ba* stellte; got. *ubilaba* heisst also ganz genau „auf übele weise“. Ahd. *wela* ist von got. *waila* ganz zu trennen, da es wegen seiner entsprechungen in den übrigen german. sprachen nur, wie ich oben dargelegt habe, auf germ. *wel-* beruhn kann; das beweist auch ahd. *wala* (Graff, I 831 f.) in seiner übereinstimmung mit anord. *val* (*Fritzner*, Ordbog² III 843; *Noreen*, Aisl. gram.³ s. 126 f.).

anord. *vér*, ahd. *wêr wier* aus germ. *wêiz*: got. *weis* „wir“. In der erklärung von ahd. *beramês* „wir tragen“ knüpfe ich an *Kuhn*, KZs. XVIII 332 ff., *Amelung*, Zs. f. d. Alt. XXI 251 n, *Paul*, PBB. IV 421 ff., *Ludwig*, JF. Anz. XII 276 an. Ich halte *beramês* für eine althochdeutsche neubildung; *beramês* entstand aus *beram wês* (vgl. anord. *mér* für *vér Noreen* Pauls Grundr.² I 618). So entstand zunächst **berammês*, das zu *beramês* wurde wie got. *blindamma* zu ahd. *plintemu*; ê, weil es tieftonig war, erfuhr nicht die brechung zu ea.

ahd. *wiara* f. „draht von gold und silber“: ags. *vír* n

„metalldraht“, lat. *viria* „armband“, gr. ἶρις „regenbogen“
(*Fick* GGA. 1894, s. 238; *Schade* wb.² 1134ff).

ahd. *zeari ziari* adj. „schmückend, schmuck, prächtig“
ags. *tíréadig* „ruhmreich“, anord. *tírr* „ære, berømmelse“
(*J. Grimm* Myth.⁴ 162; *Grienberger* Ark. f. nord. Fil. XV 15);
vgl. av. *dāiš* „du sahst“ (*Brugmann* Grundr.² I 206).

II. In unbetonter silbe.

got. *anstai* dat. sg. aus idg. *-ēi (J. Schmidt* KZs. XXVII
303; *Meringer* BB. XVI 226).

---

7. Schwund von Schwa im Innern des Wortes.

Im innern des wortes kann schwa in früher germanischer
zeit nach unbekannten gesetzen schwinden; vgl. *Meillet*
MSL. XII 218f: „*Il résulte immédiatement de la théorie des
racines dissyllabiques établie par le Mémoire de M. F. de
Saussure, que, en syllabe intérieure du mot, ə tombe en germanique.*“

Da nun ə im germ. auch als *u* erscheint[1]) [*Fick* BB. III
157; VII 171f; *Bezzenberger* BB. III 174; GGA. 1879,
s. 819f; Deutsche litteraturzeitung 1889 col. 1458; BB. XVII
216n; *Sievers* PBB. XVI 235ff; Zum ags. Vocal. 21ff;
J. Schmidt Neutra 153; *Streitberg* JF. Anz. II 47f; Urgerm.
gram. 47; *Noreen* Lautl. 10f], so ist der schwund des ə er-
folgt, ehe ə zu *u* wurde.

got. *awistr* n „schafstall“ aus idg. *owistəro* (*Bezzenberger*
KZ. XXII 278; *Meillet* a. a. o.)

ahd. *dinstar* „finster“ aus *þéməsro* = skr. *támisrā* f „dunkel“
(*Möller* Anz. f d Alt. XX 136n); ə ist geschwunden, ehe *e*
vor nasal + kons. zu *i* wurde.[2])

---

¹) Und zwar in *idg.* unbetonter silbe.

²) ahd. *dinstar* aus idg. *téməsro* ergiebt, dass idg. *sr* vor Verners
gesetz zu *str* wurde.

got. *ganawistron* „begraben“ d. h. „ins grab (**nawistr* aus *nawi-stəro*) legen.“

ags. *hnitu* f „niss“ = gr. κόνις κόνιδος aus idg. *kənid-* (*Fick* BB. III 164).

ahd. *sant* m „sand“ aus germ. *sanduz* aus idg. *samədhos* = gr. ἄμαϑος „sand“; ə ist geschwunden, ehe *md* (idg. *mdh* und *mt*) zu *nd* wurde (*J. Schmidt* KZs. XXXII 361 f).

II. Konsonantismus.

1. Entstehung von ww und jj im Germanischen.

Holtzmann, Heidelberger Jahrbücher 1835, s. 862f; Isidor (1836), s. 128ff; Altd. gram. 29,42f, 109, 225, 332. J. Grimm, GDS.³, s. 238; Gram I (NA) 54, 272. L. Meyer, KZs. IV 404. Müllenhoff, Zs. f d Alt. |XII 396f. Schleicher, Comp.³, s. 321 anm. Kluge, German. Konj. (1879), s. 127ff; Pauls Grundr. I² 380f. H. Möller, Engl. stud. III 152. J. Schmidt, KZs. XXIII 294f; Anz. f d Alt. VI (1880) 125f. H. Paul, PBB. VII 165n. Zimmer, Zs. f d Alt. XIX (1876) 405ff; KZs. XXXII (1891), 219n. Koegel, PBB. IX 523ff. Braune, PBB. IX 545f. Bechtel, Gött. nachr. 1885, s. 235ff; BB. X 288f. Brate, BB. XIII 33ff. Bezzenberger, GGA. 1887, s. 415n. Streitberg, Zur german. Sprachgeschichte 102; PBB. XIV 179f; Urgerm. gram. 60f. Noreen, Urgerm. lautl. 160ff; Aschwed. gram. § 227; Aisl. gram³ § 221. Kock, Arkiv f. nord. Filol. XII (1896), 241ff. Brugmann Grundr.² I 283 (und nachtr. XLVI), 331; Kurze vgl. gram. 96f, 107f. Behaghel, Literaturbl. f. germ. u. rom. Phil. 1898, sp. 116f. Bethge, Dieters Laut- und Formenl. 185. Hirt, Idg. akzent 50; Idg. ablaut 35. Holthausen, Asächs. Elementarb. 61f, 64. Wilmanns, Deutsche gram.² I 152ff. R. Loewe, Ethnische und sprachliche Gliederung der Germanen, s. 4f; German. Sprachwissensch. 66f. Osthoff, Etymol. Parerga I 138ff. Helten, PBB. XXX 240ff.

Darauf dass das in einer reihe von worten erscheinende got. *ddj*, *ggw*, dem im anord. *ggj*, *ggv* entspricht, als eine urgermanische verschärfung von einfachem *j* und *w* aufzufassen sei, hingewiesen zu haben, ist das verdienst *Holtzmanns*. Erst *Kluge* aber fand 1879 den richtigen weg zur erklärung dieser *jj* und *ww*, indem er erkannte, dass der indogermanische bewegliche akzent der ausschlaggebende faktor bei ihrer entstehung gewesen sei. Freilich *Kluges* ansicht, *j* und *w* seien verschärft worden, wenn der indogermanische akzent dem hinter kurzem vokal stehenden *j* und *w* vorausging, ist von *Schmidt* Anz. f d. Alt. VI 125f und *Bechtel* Gött. nachr. 1885, s. 238 widerlegt worden. Ich gehe deshalb auf *Kluges* hypothese nicht näher ein, füge nur den von diesen beiden forschern aufgeführten beispielen noch got. *aiz* n., ahd. *êr* n

„erz“ aus germ. *ájiz*, idg. *ájes* = *skr. áyas* hinzu[1]).   Indem ich
zunächst *Bechtels* deutung der erscheinungen übergehe, wende
ich mich mit voller entschiedenheit gegen *Zimmer* KZs. XXXII
219 n und *Streitberg* Zur germ. Sprachgesch. 102, die den
heute fast allgemein geltenden satz aufgestellt haben, dass
die verschärfung intervokalischer *j* und *w* von der stellung
des gemeingermanischen akzentes abhängig sei.   Ich verstehe
aber nicht, wie die anhänger dieser meinung die grosse zahl
von worten erklären wollen, wo gemeingermanisch einfaches
j und w erscheint.   Wie absurd diese ansicht eigentlich ist,
zeigt ein blick auf folgende wörterliste, die auch noch nicht
vollständig ist:

anord. *hlé* n, ags. *hléo* „schutz“ aus *hlewan*; anord. *strá* n
„stroh“, ahd. *strao* aus *strawan*; anord. *nár* m „leiche“, got.
naus aus *nawaz*; anord. *fár* „wenig“, got. *fawai* aus *fawaz*;
anord, *ǽr* f „mutterschaf“ vgl. g. *awistr* aus *awiz*; anord.
kné n „knie“ aus *knewan*; anord. *tré* n „baum“ aus *trewan*;
anord. *klé* m „webstulstein“ aus *klewôn*; anord. *frár* „froh“,
ahd. *frawer* aus *frawaz*; got. *awiliud* n „danksagung“ aus
awi; got. *usskawai* „besonnen“ aus *skawaz*; anord. *lé* m
„sichel“ aus *lewôn*; ags. *cléa* f „klaue“ aus *klawô*; ags. *ðréa*
„affliction“, ahd. *thrawa* aus *þrawô*; got. *þius* m. „knecht“,
urnord. *þewaR* aus *þewaz*; asächs. *fraho* m „herr“ ahd. *frao*,
ags. *fréa* aus *frawôn*; mhd. *lô* n „gerberlohe“ aus germ.
lawan: idg. wz *lav* „waschen“ (Zur sache vgl. *Heyne* Haus-
altertümer III 209 f).

Ein unbefangener blick auf diese liste widerlegt natür-
lich strikt die ansicht, dass *jj* und *ww* ihre entstehung aus
j und *w* dem gemeingermanischen akzent verdanken.   Ich
berühre noch *Brugmanns* ausführungen Grundr. I² 283, 331,
aber nur, weil sie an *van Helten* PBB. XXX 240ff einen
eifrigen verteidiger gefunden haben.   Sich *Brugmann* voll-
kommen anschliessend, giebt er s. 241 ff eine reihe neuer
gleichungen, die alle gründlich verfehlt sind; am frappierend-

---

[1] Dass ags. *béom* gleich skr. *bhávāmi* (BB. X 288 f) sei, wird nach
den ausführungen von *Sievers* Zum ags. Vocal. 46 ff hoffentlich niemand
mehr behaupten.

sten ist seine deutung von ahd. *screi* „der schrei‟ und ags. *ǽg* „ei‟; noch verworrener sind seine ausführungen über germ. *ww*, das er durch assimilation von *wn* zu *ww* entstanden sein lässt; sie bedürfen keiner widerlegung.

Auch *Osthoffs* ansicht Etym. Parerga I 138 ff wird es genügen erwähnt zu haben.

Dagegen weiss ich nicht, was man gegen *Bechtel* Gött. nachr. 1885, s. 235 ff einwenden will, der annimmt, dass der alte indogermanische akzent, wenn er *j* und *w* nachfolgte, die verschärfung veranlasst habe. Im gegenteil finde ich, dass dieser satz das ganze problem in einfacher und durchaus befriedigender weise löst. Freilich kann man nicht verlangen, dass jede gleichung sich lösen lässt, man bedenke aber auch, dass das Vernersche gesetz häufig auf eine vorgermanische betonungsweise führt, die mit der der verwandten sprachen nicht übereinstimmt. Ich stelle also nach *Bechtels* vorgang das gesetz auf: „*j* und *w* werden nach kurzen vokalen vor kurzen oder langen vokalen zu *jj* und *ww*, wenn der alte indogermanische akzent folgte.‟ So erklärt sich alles; einfaches *j* und *w* weist in der regel darauf hin, dass der indogermanische akzent vorausging, nur vor *j* und konsonanz unterblieb gesetzmässig die verschärfung.

Hier noch ein wort über got. *ajukduþs* f „ewigkeit‟; da ein *ajúk-*, nach got. *ibuks* „zurück‟ zu urteilen, got. *addjuk-* ergeben haben müsste, so folgt, dass die bildung *ajukduþs* aus *ajukadūþi-* schon vor unserer regel erfolgt ist [1]).

Auf eine erscheinung muss noch hingewiesen werden, die für die chronologie von grösster wichtigkeit ist: wir finden nämlich eine reihe von worten, die einfaches *w* haben, obwol sie, wie uns das Sieverssche gesetz klar beweist, den alten akzent nach *w* gehabt haben. Hieraus ergiebt sich mit voller bestimmtheit, dass *j* und *w* durch den nachfolgenden akzent zu *jj* und *ww* verschärft waren, ehe das Sieverssche gesetz wirkte. Wie weit hinauf wir diese verschärfung rücken

---

[1]) Ebenso verhält es sich mit got. *bajoþs*, „beide‟ s. *Bartholomae* Studien I 60 f; *J. Schmidt* KZs. XXVI 384.

können, ob sie etwa schon vor dem Vernerschen gesetz erfolgte, verbirgt sich vorderhand noch unsern blicken.

Bevor ich zur behandlung von *jj* und *ww* übergehe, bespreche ich die worte, die für die relative chronologie von so grosser wichtigkeit waren.

anord. *ey*, ags. *ieg*, ahd. *ouwa* „aue" aus *azwi*: lat. *aqua* „wasser" (*Zupitza* GG. 62).

ags. *awel* „fuscinula": lat. *aculeus* „stachel" (*Zupitza* 63).

ahd. asächs. *farliwan*: germ. *lihwan* „leihen" (*Paul* PBB. VI 541 f).

got. *mawi* f „mädchen" aus *mazwi*: *magus* m „sohn".

ags. *gesewen*, asächs. *farsewan*, ahd. *gisewan*: got. *saihvan* (*Koegel* PBB. IX 537 sagt: „in allen westgermanischen sprachen lautet das alte partizip zu *sehan* immer *sewan*, nie **seuwan* oder **siuwan*").

got. *stiwiti* n „geduld": lit. *stingù* „bin ruhig" (Fick BB. II. 187).

ahd. *pisiwaniu*: *sihan* (*Koegel* PBB. IX 539 n; *Zupitza* 68 f).

Zunächst behandle ich germ. *ww*, weil hier eine reihe beweisender formen sind; für *jj* ist das material nicht so gut; abgesehen von einigen worten, die für meine regel sprechen, müssen wir für *jj* dieselbe behandlung wie für *ww* a priori annehmen.

I. Germanisch ww.

got. *bliggwan* st. v. „schlagen", asächs. *utbliuuid* „excudit", ahd. *bliuwan* st. v. aus einer germanischen flexion *blewan*: *blau*: *bluwwum*: *bluwwanaz* (*Bechtel* Gött. nachr. 1885, s. 236; got. *bluggwun* „sie schlugen" = ahd. *blûun*, germ. *bluwwanaz* = nhd. *geblauen* vgl. *Koegel* a. a. o. 540 f). Nach dem, was ich oben über das verhältnis der *w*- und *j*- verschärfung zum Sieversschen gesetz bemerkt habe, ist die herleitung des got. *bliggwan* aus *bhlighwó*, angeblich zu lat. *fligo* „schlage" gehörig (so *Lottner* KZs. XI 200; *Grassmann* ib. XII 121; *J. Schmidt* Vocal. I 108; *Froehde* BB. VI 184 f; *Hoffmann* BB. XXVI 131; *Walde* Etym. wb. 231), zu verwerfen. Es gehört zunächst zu got. *blauþjan* „entkräften" (*Wood* MLN.

XV 326f), denominativum von *blauþus „schwach“ (*Kluge* wb.⁶ 49; zur bedeutung lat. *fatuus: battuere*), dann zu avest. *mruta* „aufgerieben, schwach“, *mrūra* „aufreibend, zerstörend“ (*Bartholomae* Airan. wb. 1196f; *Scheftelowitz* ZDMG. 59, 701f) und zu gr. ἀμβλύς „stumpf, stumpfsinnig“ (*Persson* De origine ac vi primigenia etc. p. 30n).

ags. *bréowan* red. v., ahd. *briuwen*, asächs. *gibreuuan* „brauen“ setzt wie *bliggwan* eine germanische flexion *brewan: brau: bruwwum: bruwwanaz* voraus vgl. anord. *bruggenn* „gebraut“ (*Bechtel* a. a. o. 236).

anord. *byggva, byggja* sw. v. „vermieten“ aus idg. *bhuvéjō*, kausativ zu anord. *búa* „wohnen“ (*Tamm* Ordb. 74; *Bugge* BB. XVIII 163) vgl. skr. verbalformen wie *bhúvas, bhúvat.*

ags. *déaw* m. n. „tau“, nengl. *dew*, ahd. *tou* m, afries. *dâw* m, asächs. *dou* in *milidou* „mehltau“, anord. *dögg* f „tau, feuchtigkeit“, aschwed. *dog*, nschwed. *dugg*, mndd. *douwe*, mnld. *dau*, nndl. *dauw* aus germ. *dawwaz* aus idg. *dhovós* zu gr. θέω „laufe“, formell gleich gr. θοός „schnell, rasch“; skr. *dhávate* „laufen, strömen“, *dhauti* „quelle, bach“, ir. *dóe* „meer“ (*Stokes* BB. XXI 127).

got. *glaggwuba* adv. „genau, sorgfältig“, ags. *gléaw* adj. „klug“, anord. *glöggr gløggr* dass., asächs. glau dass., ahd. *unclaulíhho* „insollerter“, aschwed. *gluggutter* „scharfsehend“ aus germ. *glawwus* aus idg. *ghlowús* gemäss *Bezzenberger* BB. II 123ff (*Koegel* a. a. o. 524; *Bechtel* a. a. o. 237).

anord. *gugna* sw. v. „erschrecken“ aus *guwwinôn*, woraus ein anord. part. perf. *guggenn aus germ. *guwwanaz* zu erschliessen ist (*Noreen* Aisl. gram.³ § 485n. 6); germ. paradigma *gewô: gau: guwwum: guwwanaz.*

ags. *hnéaw* adj. „stingy, near, niggardly“, anord. *hnøggr* „sparsom, knap, karrig“, nnorw. *nogg*; alter *u*-stamm (*Noreen* Aisl. gram.³ § 414n 2) aus idg. *knowús.*

anord. *hnöggva* st. v. „schlagen, stossen“ aus einer germanischen flexion *hnewan: hnau: hnuwwum: hnuwwanaz* (*Fick* wb.⁴ I 391).

anord. *höggva*, ags. *héawan*, nengl. *to hew*, afries. *hâwa*,

asächs. *hauwan*, ahd. *houwan*, mnld. *houwen* aus germ. *hawwô*
aus idg. *kovó* = aksl. *kovǫ* „schmiede“, mit der betonung der
skr. VI. kl., die sich auch sonst im germanischen nach-
weisen lässt.

ahd. *hriuwan* st. v. „schmerz empfinden“, asächs. *hreuuan*
„traurig sein“, ags. *hréowan*, nengl. *to rue* dass., anord.
hryggva „betrüben“ aus germ. *hrewan: hrau: hruwwum:
hruwwanaz* vgl. nhd. *gerauen* (*Koegel* a. a. o. 541). Verwant
sind trotz *Uhlenbeck* PBB. XXVI 306 aksl. *krušiti* „brechen“,
lit. *kriùszti* „zerschmettern“ (aus *krus- sçō*), gr. κρούω „stosse,
schlage“, anord. *hrumr* „gebrechlich“ vgl. poln. *skrucha* „reue“:
skruszyć „zermalmen, zerbröckeln“, *skruszyć się* „in kleine
stückchen zerfallen, reumütig werden“ und *Verf.* Zs. f. d.
Wortf. VII 268.

ahd. *kiuwan* st. v., ags. *céowan*, nengl. *to chew* „kauen“
aus einer flexion *kewan: kau: kuwwum: kuwwanaz* vgl. nhd.
gekauen (*Koegel* PBB. IX 541); zu aksl. *žujǫ* „kaue“ (*J.
Schmidt* KZs. XXIII 348).

ahd. *ou* f „mutterschaf“, mndd. *ouwe* neben ahd. *ewe*
plur., ags. *ewe*, anord. *ǽr* (*Osthoff* Etymol. Parerga I 140)
erklärt sich sehr gut aus einem paradigma mit wechselndem
akzent, wie es in lit. *avìs* aus *ãwìs* (= skr. *ávi*, gr. ὄϝις),
genit. *avěs* vorliegt (*Hirt* Idg. akz. 216 f).

ahd. *scouwôn* sw. v. „schauen“, asächs. *scauwôn*, afries.
skâwia, mnld. *schouwen*, ags. *scéawian*, mengl. *schewen* aus
germ. *skawwô-* aus idg. *skowái-* gegen got. *usskaws* „nüchtern“
zu gr. ϑυοσκόος „opferpriester“; verwant ist armen. *çuçanem*
„schauen lassen, zeigen“ (*Scheftelowitz* BB. XXVIII 294).
Daneben liegen got. *skuggwa* m „spiegel“, anord. *skygna* sw.
v. „spähen“ aus *skuwwinôn* (*Bechtel* a. a. o. 237).

anord. *snöggr*, *snøggr* adj. „hurtig“ aus germ. *snawwus*
(*Noreen* Aisl. gram.³ §414 n2) aus idg. *snowús*: got. *sniwan* „eilen“.

ahd. *sou* n, gen. *souwes* „succus“ (*Koegel* a. a. o. 525)
ags. *séaw* n (selten m) „juice, moisture, humour“ vgl. isl. *söggr*
„dank, wet“ (*Vigfusson* 509), mengl. *sēau* „juice, pottage“;
germ. *sawwan* aus idg. *sovón* = skr. *savá* n „the juice or
honey of flowers“ (*Fick* wb.⁴ I 141; *Bechtel* Hauptprobleme 147).

got. *triggws* adj. „treu“, anord. *tryggr*, ahd. *triuwi*,
afries. *triuwe*, ags. *tréowe trýwe* aus germ. *trewwaz*: gr. *ὀροόν·
ἰσχυρόν* Hes. (*J. Schmidt* Anz. f d Alt. VI 126).

ags. *béaw* m „bremse“ aus germ. *bawwaz*.

ags. *béow* n „gerste“, anord. *bygg* n, ndän. *byg*, aschwed.
biug, *byg*, nschwed. *bjugg*, formell dem asächs. *beuuo* gen.
plur. nahezu entsprechend, zu dem mnld. *bouw* „ernte“ im
ablaut steht. Urgerm. *bewí* n (*Streitberg* PBB. XIV 180) zu
bewwí ergab nach dem vokalischen auslautgesetz urgerm.
beww n = ags. *béow*, wo die *a*-deklination durchgeführt ist;
das aus *e* umgelautete *i* der wurzelsilbe drang aus den obli-
quen kasus in den nomin. ein, daher anord. *bygg*, das schliess-
lich in die *a*-deklination übertrat. Sind diese ausführungen
richtig, so ergiebt sich, dass der umlaut von *e* durch fol-
gendes i nach dem vokalischen auslautgesetz erfolgte.

anord. *dyggr* adj. „treu, utilis, bonus, probus“, urnord.
diggwi- (*Bugge* PBB. XIII 510), urgerm. *dewwiz*.

ags. *réow* adj. „aufgeregt, stürmisch, wild, rauh“, got.
riggws in *unmanariggws* „*ἀνήμερος*“ (vgl. *Grienberger* Unter-
suchungen z. got. wortkunde s. 228) aus idg. *rewós*; im ab-
laut dazu mschwed. *ruggötter* „rauh“ (nicht zu ags. *rúw* ge-
hörig, wie *Noreen* Aschw. gram. § 109 n will s. *Sievers* Ags.
gram.[3] § 116 n) aus germ. *rawwaz*. Die worte gehören zu
aksl. *rъvati* „reissen“, čech. *rváti se* „sich raufen“, anord.
rýja sw. v. „abrupfen“ vgl. besonders poln. *porywczy* „auf-
fahrend, hitzig, übereilt, hinreissend, schnell, jähe“. Hierher
gehört auch aschwed. *rugg*, *ragg*, anord. *rögg* f „lange haar,
lang uld“ aus germ. *rawwô* vgl. nschwed. *rugg* „das rauhe,
die rauhe, beharte seite von fellen usw.“, *rugga* „rauhen,
walken, scheren, zupfen“; zu anord. *rögg* vgl. serb. *rŭtav*
„zottelig“, *rŭte* „harzotteln“.

ags. *scréawa* m „spitzmaus“, nengl. *shrew- mouse* (*Skeat*
Conc. etym. dict.[5] 483) aus idg. *skrowón* (*Wood* JF. XVIII 20).

ahd. *spriu* n, plur. *spriûuuer* N, mhd. plur. *spriuwer*
nhd. oberd. *spreuer*, wäre got. **spriggw* n (*Koegel* a. a. o. 537)
aus idg. *sprewón*.

asächs. *thau* m „brauch, gewonheit, sitte“, ags. *þéaw* m, mengl. *þewes* plur., nengl. *thews*, ahd. *kathau* m „disciplina“ aus germ. *þawwaz*, idg. *towós*: skr. *tavīti* „geltung, macht haben“ (*Fick* wb.⁴ I 445).

aschwed. *tiugga* st. v. „kauen“, anord. *tyggva* (*Noreen* Aisl. gr.³ § 483 n) aus einer germ. flexion *tewan: tau: tuwwum: tuwwanaz*; vorgerm. *déwō*.

asächs. *tou* „stuppa“, mndd. *touw* n „werg“, afries. *tauw* n „tau, seil; werkzeug“, nndl. *touw* n „seil“, nndd. *tau* n „seil“ aus germ. *tawwan*; idg. *dovón* (*Schade* wb.² 1232 f).

anord. *þyggva* st. v. „kauen“ aus einer germ. flexion *þewô: þau: þuwwum: þuwwanaz*; vorgerm. *téwō*.

II. Germanisch jj.

got. *daddjan*, mschwed. *dæggia* „säugen“ aus germ. *dajjô* aus vorgerm. *dhajô* = ved. *dháyati*, dessen akzent wegen des wurzelvokals nicht ursprünglich ist; aksl. *doją* (*Bechtel* Gött. nachr. 1885, s. 236; *Collitz* BB. XXIX 107); verbum der VI. skr. kl. (*W. Schulze* KZs. XXVII 423, 425).

anord. *egg* n „ei“, ags. *æʒ*, ahd. *ei*, gen. *eies eiies*, asächs. *eia* dat. sg., *eiero eiiero* gen. plur. (*Koegel* PBB IX 542); germ. *ajjan*, idg. *ojón* n.

ahd. *hei* adj. „trocken, dürr“, *gihei* n „hitze“, *arheigên* „verdorren“, mndd. *hei* „dürre“, nhd. *hei* (*Heyne* DWb. IV 2, 794; *Schade* wb.² 378 f; *Koegel* a. a. o. 510) aus germ. *hajjaz* aus idg. *çojós* zu idg. *çéjō* „scheine, brenne“: aksl. *sijati* „splendere“ (*Helten* PBB XXX 241), serb. *prisoje* n „sonnige gegend“ (vgl. lat. *serenus* „heiter“: *seresco* „trocken werden“. *Prellwitz* BB. XXI 92).

mnld. *heie* f, nnld. *hei* „rammblock“, mnld. *heien* „schlagen, rammen, stampfen“, mhd. nhd. *heie* f „schlegel, hammer, ramme“ aus germ. *hajjô*, idg. *khajä̌*: lat. *caedo* „haue, schlage“ (*Holthausen* PBB. XI 554 f).

ags. *hnæʒan* „wiehern“, nengl. *to neigh*, mnld. *neyen*, mndd. *neigen*, anord. *gneggja*, aschwed. *gnæggja*, nschwed. *gnägga*, ein got. **hnaddjan* „wiehern“ voraussetzend; vorgerm. *knojô*.

ags. *hwæʒ* n „serum“, mengl. *whey*, nengl. *whey*, mnld.
wey, nnld. *wei, hui* aus germ. *hwajjan*.

abd. *hwaiiôn* sw. v. „wiehern“, *uueigón* aus germ.
hwajjôn (*Kluge* wb.[6] 424).

got. *iddja* „ich ging“. Unmöglich ist es, wie auch
L. Meyer Gött. nachr. 1901, s. 230 hervorhebt, zur erklärung
der form das augment heranzuziehen. Damit fällt die an-
sicht von *Möller* KZs. XXIV 432 n; *Bechtel* Gött. nachr.
1885, s. 236; *Brugmann* Grundr.[2] I 283; *Helten* PBB. XXX
240. Am besten ist es dem got. *iddja*, das nach den aus-
führungen von *Sievers* Zum ags. Vocal. 52 im germanischen
alleinsteht (auch *Holthausens* deutung von ags. *éode* JF. XIV
342 ist nach dem eben bemerkten zurückzuweisen), ein europ.
iyái perf. med. „ich ging“ zu grunde zu legen, wie es *Fick*
wb.[4] I 359, *Collitz* BB. XVII 237 f modifizierend, tut. Vgl.
noch *Bartholomae* JF. III 29.

ags. *cæʒ* f „schlüssel“, aofries. *kei* m, awfries. *kay* m,
nengl. *key* aus germ. *kajjô*, idg. *gojā́* (*Murray* NED. V 681).

ags. *clæʒ* „lehm“, nengl. *clay* „ton, lehm, schmutz“,
awfries. *clay*, ndän. *klæg*, mnd. *klei*, nndd. *klei*, nndl. *klei*
(*Koegel* JF. III 289) aus germ. *klajjaz* aus idg. *glojós* = gr.
γλοιός, das nach *Fick* BB. IX 317 ff zu beurteilen ist, „dickes,
schmutziges öl; schmutzige, klebrige feuchtigkeit“ vgl. gr.
γλοιά Hes.

asächs. *leia* f „fels, schiefer“, mndd. nndd. *leie*, nhd.
rhein. *lei*, mnld. *leie, leige* aus germ. *lajjô* (*Koegel* PBB. IX 543).

anord. *skeggja* f „beil“ aus idg. *skojā́*: lat. *descisco*
„reisse mich los“, anord. *skeina* sw. v. „leicht verwunden“
(*Persson* De origine ac vi primigenia gerundii et gerundivi
latini p. 70): air. *scian* „messer“.

got. *twaddje* gen., ahd. *zweiio*, anord. *tveggia*, asächs.
tueio (Hel. 5411) = gr. *δοιῶν* (*J. Schmidt* Anz. f d Alt. VI 126).

anord. *þriggja* gen, ahd. *thriio* Tat., *drio* N = gr. *τριῶν*,
lit. *trijū*; got. *þrije* ist aus germ. *triōn* entstanden vgl. ved. *triṇā́m*.

got. *waddjus* m „wand“, anord. *veggr* m „wand“, ags.
wæʒ aus idg. *vojús* (*Hirt* Idg. akz. 217 f).

2. Behandlung der idg. tenues aspiratae im Germanischen.

A. Kuhn, KZs. XI 306. Grassmann, KZs. XII 82 ff. Bechtel, Z. f. d. Alt. XXI 219 ff. Bezzenberger, Zs. f. d. Phil. V 361; GGA. 1883, s. 394 ff; BB. XVI 257; GGA. 1898, s. 555. Kluge, KZs. XXVI 88 ff; PBB. IX 150; Pauls Grundr.² I 366. Zubatý, KZs. XXXI 1 ff. Pedersen, JF. II 293. Hoffmann, BB. XVIII 154 ff. Kozlovskij, Arch. f. slav. Phil. XI 387 ff. Noreen, Urgerm. lautl. 118 ff. Brugmann, Grundr.² I 522, 632 f, 695 ff, 698, 700 f. Streitberg, Urgerm. gram. 126. Lidén, Studien zur altindischen und vergleichenden Sprachgeschichte s. 16 ff. Luft KZs. XXXVI 145 ff. Berneker, JF. IX 363 ff. Heinsius, JF. XII 178 ff. Uhlenbeck, JF. XIII 213 ff; XVII 93 ff. G. Blatt, Quaestiones phonologicae sanscritae. De consonantibus sanscritis tenuibus aspiratis. Eos VII 1 ff. Wiedemann, BB. XXVII 238. Scheftelowitz, BB. XXVIII 311 f; XXIX 27, 35 f. Bartholomae, Zs. f. d. Wortforschung VI 231. Wackernagel, Aind. gram. I 118 ff.

Um den weg zu bestimmen, auf welchem die indogermanischen tenues zu germanischen harten spiranten geworden sind, ist es von grosser bedeutung, die behandlung, welche die idg. tenues aspiratae im germ. erfahren haben, zu kennen. Bekanntlich nehmen einige gelehrte, besonders *Grassmann, Bechtel, Fick* und *Bezzenberger* an, dass idg. *kh, th, ph* zu germ. *k, t, p* geworden wären, nicht also die verschiebung zu *h, þ, f* mitgemacht hätten. Die beispiele, auf die sich diese annahme stützt, sind folgende:

1. 2. sg. perf. auf got. anord. *t* = skr. *-tha*, griech. *-ϑα* hat sich von wurzeln auf labial, guttural und *s*, wo *t* lautgesetzlich erhalten blieb, verallgemeinert (*Lidén* Stud. z. aind. u. vgl. Sprachgesch. 16 f). Germ. *-þ* aus idg. *-tha* liegt vor in ags. *arð, earð* „du bist" aus idg. *ortha*, das wegen seiner isoliertheit als die regelrechte entwicklung betrachtet werden muss (*Brugmann* Grundr. II 1344; *Streitberg* Urgerm. gram. 334; *Loewe,* Germ. Sprachwissenschaft 145).

2. got. *bairats* „ihr beide tragt" = skr. *bhárathas* (*Grassmann* KZs. XII 106 f; *L. Meyer* Got. spr. 105; *Möller* KZs. XXIV 517; *Bechtel* Zs. f. d. Alt. XXI 219; *Bezzenberger* GGA. 1883, s. 395 f; *Kluge* Pauls Grundr.² I 449). Das *t* war wie

4

in der 2. sg. perf. hinter labial, guttural und *s* erhalten (vgl. skr. *sthás*) und dann überall durchgeführt vgl. *J. Grimm* GDS.[3] s. 671; *Johansson* KZs. XXX 554 f; *Brugmann* Kurze vgl. Gram. § 783 anm; *Loewe* Germ. Sprachw. 146.

3. ahd. *kranz* m „kranz" aus idg. *grondos*: lit. *grandis* „armband", *grandēlė* dass., apreuss. *grandis* „ring" (*Lidén* a. a. o. 19). *Bezzenberger* GGA. 1898, s. 555 stellt hierher skr. *granthí* m „knoten, gelenk", gr. *γρόνϑος* „faust", indem er annimmt, dass idg. *th* im balt. hinter *n* zu *d* geworden sei; das verbietet aber lit. *mentùrė* „quirlstock": skr. *mathnắti* „quirlen" s. u., wo wie in allen andern fällen idg. *th* zu balt. *t* geworden ist.

4. anord. *motr* m „hovedklæde, hovedbedækning af hvidt linned, som brugtes af kvinder", das *Fick* BB. XXIX 241 mit lit. *muturas* „ein weissleinenes tuch, das der jungen frau am tage nach der hochzeit um den kopf befestigt wird" unter ansetzung von idg. *muthro* vereinigt, ist ein lehnwort aus dem lit. Auf handelsbeziehungen zwischen Memel und Schweden weist auch nschwed. *våk* „knabe" nach *Bezzenberger* entlehnt aus lit. memel. *våks = waïkas*. Umgekehrt ist lit. *midùs* „met" gegen *medùs* „honig" aus einem altgermanischen dialekt entlehnt (nach *Bezzenberger*; s. auch *Tamm* Mitt. d. lit. liter. Gesellschaft I 238 ff).

5. got. *bimampjan* sw. v. „verspotten", das *Bezzenberger* GGA. 1898, s. 555 aus idg. *memph* erklärt, kann, da auch *Holthausen*'s deutungsversuch (Herrigs Archiv bd. 107, s. 380) nichts für sich hat, mit gr. *μέμφομαι* „tadeln, schelten" so verbunden werden, dass man idg. wechsel zwischen media und media aspirata annimmt, was hinter nasal wol bezeugt ist (*Brugmann*, Grundr.[2] I 633 f; *Prellwitz* Wb.[2] 289).

6. ags. *flint* m „kiesel, feuerstein", aschwed. *flinta* f dass.: gr. *πλίνϑος* m „ziegelstein"; ich lege zu grunde ein idg. *plindos*, gr. **πλίνδος*, das nach den zahlreichen bildungen auf *-ινϑος* zu *πλίνϑος* umgebildet wurde. Ebenso ist griech. *δεκάς, -άδος* f „ein zehend": skr. *daçát-*, aksl. *desęt-*, lit. *deszimt-* aus **δεκάτος* umgebildet nach den nomina auf *-άς, -άδος* vgl. *J. Schmidt* Urheimat s. 27 n (*Prellwitz* Wb.[2] 376).

7. anord. *stertr* „sterz“, ags. *steort*, mhd. *sterz*: gr. στόρϑυγξ „spitze, zinke, zacke“. Zum griech. wort stimmt aber anord. *storþ* f „gras, grüner stengel“, *stirþr* „stiff“ (*Lidén* a. a. o. 17); germ. *stertaz* wird also aus idg. *sterdos* entstanden sein (*Prellwitz* Wb.[2] 436).

Im germanischen sind, wie die unten folgenden beispiele zeigen, die tenues mit den tenues aspiratae zusammengefallen, wie dies auch im lateinischen, keltischen, lituslavischen geschehen ist. Dagegen erscheinen idg. *kh, th, ph* im skr. als *kh, th, ph*, im airan. als *x, ϑ, f*, im armen. als *χ, th, ph*, im griech. als *χ, ϑ, φ*.

I. Tenues aspiratae im anlaut.

1. Idg. *kh*.

mnld. *heie* f „rammblock“, *heien* „schlagen, rammen, stampfen“, mhd. nhd. *heie* f „schlegel, hammer, ramme“: skr. *khédā* f „hammer, schlegel“: armen. *χaith* „stich“, *χaithem* „steche“: lat. *caedo* „haue, schlage, erschlage“ (*Holthausen* PBB. XI 554 f; *Scheftelowitz* BB. XXVIII 312; *Walde* Etym. wb. 78 f).

mhd. *hickeln* sw. v. „springen, hüpfen“, mengl. *hicchen* „to move, remove“, nengl. *to hitch* „hüpfen, hinken“: lit. *keiżiotis* „die füsse bewegen, mit ihnen spielen“: pehl. *āχēzīḍano* „steigen, aufsteigen“, bpehl. *āχēzēt* „erhebt sich, bricht auf“, mpers. *aχēzän* „ich werde aufstehn“, *aχēst* „stand auf“, npers. *χēzīdan* „langsam gehn, kriechen, wanken“, *χīz-āb* „unda, fluctus“, osset. *ra-χīzai* „du willst herabsteigen“ (*Bezzenberger* BB. XVIII 267 f; *Zupitza* GG. 116; die persischen wörter nach *J. Scheftelowitz*).

got. *hus* „haus“ aus idg. *khūtso*: žem. *kūtis* „stall“: avest. *χaoḍa* „hut“: armen. *χuç* „stube“ aus idg. *khusços* (*Uhlenbeck* JF. XIII 219; *Patrubány* ib. 163; *Bezzenberger* BB. XXVII 146 n).

2) *Idg. ph*.

ahd. *fallan* red. v. „fallen“, asächs. *fallan*, ags. *feallan*, anord. *falla*: lit. *pùlu pùlti* dass.: armen. *phul* „einfall, einsturz“, *phlanim* „einfallen“, *phluçanem* „mache einfallen“.

Idg. *phŏl* (*Bugge* KZs. XXXII 28; lit. *pŭlu* aus idg. *phōlō* wie lit. *lŭbà* f „tagewerk, tagesarbeit“, lett. *lŭbt* „d. kleinen weiblichen arbeiten im hause verrichten“ aus idg. *lōbā*: lat. *lăbor* „plage, qual, anstrengung, bemühung, arbeit“).

mhd. *vanke* sw. m. „funke“, ahd. *funcho* dass: gr. φέγγος „licht, glanz, schein“, φέγγω „scheinen, leuchten, glänzen“; idg. wz. *pheng* vgl. *L. Meyer* Gr. etym. III 385; *Wiedemann* BB. XXIX 316; *Prellwitz* Wb.² 484.

ahd. *feim* m „schaum“, ags. *fám* dass.: aksl. *pěna* f dass.: skr. *phéna* dass: osset. *fing, fynkh* dass.

II. Tenues aspiratae im inlaut.

1) *Idg. kh.*

asächs. *bregdan* st. v. „knüpfen“, ags. *bregdan* „to move to and fro, cast, draw, drag, change, bend, weave“, anord. *bregþa* (prät. *brá*) „durch eine schnellbewegung in veränderte lage versetzen, schwingen“, die auf eine urgermanische flexion *bregdan: brah: brêgum: breganaz* (vgl. urgerm. (*frehnan: frah: frêgum: freganaz*) zurückgehn; *bregdan* aus idg. *bhregdhō* aus *bhrekh- dhō* (vgl. *Holthausen* KZs. XXVII 623 und *J. Schmidt* n. dazu): armen. *bałχem* „schlagen“ aus idg. *bhrekh*: lett. *braki* plur. „hammerschlag, schlacken, schnitzel“, *braks* „zerbrechlich“ vgl. *Scheftelowitz* BB. XXVIII 311.

got. *hahan* red. v. „hängen, schweben lassen“: armen. *kaχem* „hängen“ (*Fr. Müller* Sitz.-Ber. der Wiener Ak, Phil., hist. kl. bd. 122 (1890), s. 3).

got. *hoha* sw. m. „pflug“, ahd. *huohili* n „aratiuncula“ (ahd. gl. I 440, 45 ff): lit. *szakà* „ast, zweig“: skr. *çăkhā* „ast, zweig“: npers. *šāχ* „zweig, ast, horn, geweih“: arm. *çaχ* „zweig“; idg. *çăkhā* (*Stokes* Sprachsch. 77).

got. *neƕa adv.* „nahe“ aus idg. *nēqh*: pehl. *naχ* „erster“, npers. *naχūn* aus idg. *neqh*, was den vermutungen von *Zupitza* GG. 66f und *Wiedemann* BB. XXVIII 56 sicherlich vorzuziehn ist (*Scheftelowitz* ZDMG. 59, 700).

2) *Idg. th.*

asächs. *fathmos* m. plur. „beide ausgestreckte arme“: avest. *paϑana* „breit, weit“; daneben gr. πετάννυμι „ausbreiten.“

asächs. *folda* f „erde“, ags. *folde*, anord. *fold*: skr.
pŕthiví f „erde“, avest. *pərəϑwɪ* f „oberfläche“ zu skr. *pŕthú*
„breit“, avest. *pərəϑu* dass., armen. *yalth* „lang, gross“.

got. *hnuþo* f „stachel“ (vgl. *Bernhardt* Vulfila. Einleit.
§ 35) aus idg. *çnǝ thā*: skr. wz. *çnath* „durchstossen, durch-
boren“: avest. wz. *snaϑ* „schlagen“: gr. *χνύϑος· ἄχανϑα μιχρά*
Hes. (*Osthoff* MU. V p. VI; *Thumb* KZs. XXXVI 190ff).

ags. *hreddan* sw. v. „to rescue, recover, save“, ahd.
rettan dass.: skr. *çratháyati* „lockert, löst, macht frei“ (*Kulge*
PBB. X 443).

ahd. *lídan* st. v. „gehn“, got. *galeiþan*, asächs. *líthan*,
ags. *lídan*, anord. *líþa:* avest. wz. *iriϑ* „sterben“ eigtl. „weg-
gehn, abire“ wie auch ir. *bebais* „ivit“ vgl. *Stokes* BB.
XXIX 170 (*Bezzenberger* KZs. XXII 479f; *Bartholomae* Zs f d
Wortforsch. VI 231).

anord. *meiþa* sw. v. „körperlich verletzen, verstümmeln,
vernichten“: ačech. *mětiti* „verletzen“: lett. *maitát* „vernichten“:
skr. *méthati* „hiṁsā“: avest. *mōiϑaţ* „beraubt“ (*Zupitza* BB.
XXV 98f).

anord. *meiþr* m „baum, stock, stange, galgen“: lit.
mětas, lett. *mēts* „pfahl“: armen. *moith* genet. *muthi* „stütze,
pfeiler“: skr. *methí* m „pfeiler, pfosten“ (*Scheftelowitz* BB.
XXIX 27; skr. *medhi medhī*, viel später bezeugt als *methí*
s. die belege im PWb., ist prakritiesierung von *methí*, ebenso
wie *medhī*, das schon wider auf jüngerer stufe steht vgl.
Pischel Grammatik der Pakrit-Sprachen § 192, 198ff, 221).[1]

anord. *möndull* m „griff womit man dreht“: lit. *mentùrė*
f „quirlstock“: lett. *mente* „kleine holzschaufel zum umrühren,
maischholz, ruder:“ aksl. *męsti* „umrühren, verwirren“: gr.
μόϑος m „schlachtgetümmel“, *μόϑουρα* Hes. „heft des ruders“:
skr. *mathnắti* „quirlen, rühren“, *manthāyắti* dass. (*Fick* wb.⁴ I
106, 514).

got. *niþan* st. v. „unterstützen“, ahd. *ginâda* f „nieder-
lassen“: skr. *nấthate* „bitten, hilfe suchen“, *nāthá* „hilfe“.

---

[1] Hierzu vgl. *Lidén* JF. XVIII 492f, der aber unrichtig lat. *ma-
teries* von armen. *mair* trennt; die laute und bedeutungen stimmen genau
s. *Walde* Lat. wb. 373.

ahd. *r a d* n „rad“, asächs. *rath*, afries. *reth*: lit. *rătas*
m „rad“: lat. *rota* f „rad“: avest. *raϑa* m„ wagen“: skr. *rátha*
m „wagen“ (*Fick* wb.[4] I 117).

got. *skapjan* sw. v. „schaden“, ahd. *scado* m „schaden“,
anord. *skape* m dass.: ir. *scathaim* „lähme, verstümmele“:
gr. ἀσκηϑής „unverletzt“ (*Stokes* Sprachsch. 308).[1]

got. *wiþon* sw. v. „schütteln“: skr. *vyathati* „schwanken,
wanken, zittern“, *vithurá* „wankend, taumelnd“.

3) Idg. ph.

ahd. *h u o f* m „huf“, anord. *hófr*, ags. *hóf*, asächs. *hôf*:
avest. *safa* dass.: skr. *çaphá* dass. (*Kluge* wb.[6] 181; aksl.
kopyto „huf“ hat mit den germanischen worten garnichts zu
tun, da es eine speziell slavische bildung von aksl. *kopati*
„graben“, poln. *kopać* „graben; mit füssen schlagen, stossen,
ausschlagen“ ist).

---

3. Die germanische Lautverschiebung.

R. von Raumer, Die Aspiration und die Lautverschiebung. 1837. J.
Grimm, GDS. s. 392 ff. Scherer, ZGDS [2] s. 90 ff. Paul, PBB.
I 147 ff. Kräuter. Zur Lautverschiebung. 1877. Sievers, Jenaer
Litteraturzeit. 1877, s. 475 f. Verner, Anz. f. d. Alt. IV 333 ff.
Osthoff, Perfect s. 568 n. Kluge, PBB. IX 173 ff., Pauls Gr. I [2]
365 ff. Jellinek, PBB. XV 268 ff. Noreen, Lautl. 112 ff.
Streitberg, Urgerm. gram. 103 ff. Brugmann, Grundr.[2] I 695 ff.
Bethge, Dieters Laut- und Formenl. 167 ff. Wundt, Völker-
psychologie I s. 405 ff. H. Meyer, Zs. f. d. Alt. 45, 101 ff.

Eine genaue relative chronologie der germanischen laut-
verschiebung hat *Kluge* PBB. IX 174 n versucht. Da wir
aber unten sehen werden, dass eine *n*-assimilation an voraus-
gehenden guttural, labial, dental — darauf hatte er seine
chronologie, die freilich Pauls Grundr.[2] I 365 ff. nicht mehr
erscheint, basiert — unerwiesen ist, so können wir nicht mit
ihr rechnen und gelangen wieder, was nie hätte aufgegeben
werden sollen, zu einer reinlichen sonderung der lautver-
schiebung und des Vernerschen gesetzes.

---

[1]) vgl. *Prellwitz* Wb.[2] 58; idg. abl. *skĕth: skath.*

Dass die tenues aspiratae mit den tenues im germ. zusammengefallen sind, haben wir oben gesehn.

Der ausgangspunkt der lautverschiebung sind die idg. tenues, die wie die nfranz. und ndän. artikuliert wurden; ihnen parallel die mediae, dann die aspirierten mediae, über die *Sievers*, Phonet.[5] § 436 zu vergleichen ist.

Ebenso klar ist das resultat: idg. *k, t, p* ergaben *h, þ, f*, stimmlose spiranten; idg. *g, d, b* wurden zu *k, t, p*; idg. *gh, dh, bh* ergaben stimmhafte spiranten *ʒ, đ, ƀ*, die noch nach dem abschluss des Vernerschen gesetzes überall vorhanden waren; dann wurden anlaut. *đ, ƀ* zu *d, b*, inlaut. *nʒ, nđ, mƀ* zu *ng nd, mb*.

Hier sind einige metathesen zu beachten, die vor der lautverschiebung stattfanden:

ahd. *aspa* f „espe", ags. *äsp*, anord. *ösp* dass. aus *apsā*: apreuss. *abse* „espe", lett. *apsa*, lit. *ĕpuszė*, russ. *osína*, poln. *osa* (*Bezzenberger*, BB. XXIII 289).

got. *drauhsna* f „ψιχίον, κλάσμα" (zu *drausnos* in der Skeireins s. *Dietrich*, Erklärung der Skeireins p. LIX) aus idg. *dhrusknā*: lett. *druska* „krümchen, brocken, brosame", *druszina* dim., lit. *druskà* „salz" (*Bezzenberger*, BB. XXIII 289 n; ib. XXIX 247 n).

Über die mögliche reihenfolge in der veränderung der drei reihen (tenuis, media, media aspirata) bitte ich *H. Meyer*, Zs.f.d.Alt. 45, 118 nachusehn; denn da den nähern weg, auf dem die veränderung vor sich ging, nur ein phonetiker bestimmen kann, gehe ich hier nicht darauf ein. Zum schluss sei nur die vermutung ausgesprochen, dass die drei reihen nicht so sich veränderten, dass z. b. *dh* erst zu *đ* wurde, als *t* schon *þ* geworden war, sondern dass sich alle zu gleicher zeit nebeneinander in bewegung setzten; das wird natürlich eine reihe von generationen gedauert haben (s. *Bethge*, Dieters Laut- und Formenl. s. 177), und die einzelnen laute werden in ihrer veränderung einen sehr langen weg durchgemacht haben.

4. Verners Gesetz.

K. Verner, KZs. XXIII 97 ff.   Paul, PBB. VI 538 ff.   Noreen, PBB.
VII 431 ff., Lautl. 124 ff.   Kluge, KZs. XXVI 92 ff., Pauls Grundr.[2]
I 386 ff.   Bugge, PBB. XII 399 ff., XIII 167 ff., 311 ff.   Streit-
berg, Urgerm. gram. 105 ff.   Brugmann, Grundr.[2] I 697 ff., 777 f.
Wilmanns, Deutsche gram.[2] I § 22 ff.   Sievers, Phonetik[5] s. 300.
Kip, Modern Language Notes XX (1905), s. 16 ff.

Ich würde hier überhaupt verzichten, auf das Vernersche
gesetz näher einzugehn, wenn nicht zwei versuche einer
kritik der Vernerschen aufstellungen drohten, unklarheit in
die bisher ganz richtig aufgefasste frage zu bringen.   *Wil-
manns* Deutsche Grammatik I[2] § 24 sagt: „Das verhältnis
zwischen an- und inlaut scheint darauf hinzuweisen, dass,
obwol der grund zum grammatischen wechsel in der zeit des
freien akzentes gelegt sein muss, doch der uns bekannte ab-
schluss erst erfolgte, als bereits die germanische betonung
galt.“   Dagegen wendet richtig *Kip*, MLN. XX 17 ein:
„Wenn die χ, *f*, $\flat$ und *s* noch nicht stimmhaft geworden
waren, als die germanische betonung schon im gebrauch war,
so sieht man nicht ein, warum sie nachher, ohne weitere
ursache, stimmhaft werden mussten.“   Was weiter die iden-
tifizierung des gotischen präfixes *ga-* mit dem lat. *co-*
betrifft, so glaube ich nicht, dass *Wilmanns* und *Kip* darin
zustimmung finden werden (*Meillet*, MSL. IX 52 ff.).   Wie
man ferner aus kompositis wie ahd. *mezzirahs* n „messer“
ein argument gegen *Verner* entnehmen will, bleibt mir un-
verständlich; ein vor dem wirken des gesetzes gebildetes
kompositum * *mátisahsan* ergab ja ganz regelrecht * *mati-
zahsan* (*Kluge*, KZs. XXVI 82).

Kip a. a. o. 16 ff. erklärt zunächst die phonetische be-
gründung Verners für unrichtig, was sich meiner beurteilung
entzieht, und formuliert seine eigene ansicht so: „Der über-
gang von germ. χ, *f*, $\flat$, *s* > χ, δ, *đ*, *z* erfolgte zu einer zeit,
wo bei den wörtern, die eine akzentverschiebung erlitten,
weder die idg. noch die germ. betonungsweise galt, sondern
zu einer zeit, wo *level stress* herrschte.“   Unter allen um-

ständen wäre geboten gewesen, dass *Kip* sich über die
Sieverssche regel äusserte, die die annahme, dass *level stress*
die ursache des überganges von *h, f, þ, s* zu *ʒ, ƀ, đ, z* ge-
wesen sei, widerlegt. Widerlegt wird *Kip* auch durch meine
ansicht, dass vor vokalen stehendes *ôu* vor dem alten (idg.)
akzent zu *û* wurde. Dass nun aber, ehe die germanische
anfangsbetonung durchgeführt war, *level stress* geherrscht
habe, halte ich für einen sehr guten fördernden gedanken.
Ich setze seine worte her: „Dass *level stress* wirklich eine
zeit lang geherrscht hat, brauche ich wol kaum zu beweisen.
Es glaubt gewiss niemand, dass sich der akzent von * *barmás*
(vgl. *φορμός*) mit einem sprung zu * *bármas,* got. *barms* ver-
schoben habe. Man ist gezwungen, sich eine mittelstufe vor-
zustellen, wo die betonung * *bármás* galt. Wie lange diese
betonung bestanden haben mag, ist freilich kaum zu er-
mitteln . . . Noch vor wenigen jahren wurde überall *supréme*
betont: jetzt hört man . . . vielfach *súpréme,* mit deutlichem
level stress und silbentrennung, und es wird niemand wunder
nehmen, wenn sich der akzent weiter zu *súpreme* verschiebt.“

<hr>

5. Sievers' regel.

Sievers, PBB. V 149. Verner, Anz. f. d. Alt. IV 340. Paul, PBB.
VI 538. Osthoff, PBB. VIII 256 f., 281. Leffler, Ark. f. nord.
Filol. I 266 ff. Noreen, Urgerm. lautl. 177 ff. Streitberg, Ur-
germ. gram. 123. Kluge, Pauls Grundr.² I 374. Brugmann,
Grundr.² I 609 f.

Nach *Sievers,* PBB. V 149 ist in der lautgruppe *-gw-*
nach dem wirken des Vernerschen gesetzes *g* geschwunden,
wenn der ursprüngliche akzent nachfolgte. Da ich schon
s. 42 f. solche fälle erwähnt habe, gehe ich hier nur auf die
ansicht von *Sievers* ein, dass *-gw-* nach *r* und *l* zu *-g-* ge-
worden sei.

-w- aus *-gw-* hinter *r* erscheint in folgenden etymologisch
klaren fällen:

ahd. *dwerawêr* „quer“: *dwerah.*

anord. *fjör*, dat. *fjörvi* n „leben“: ags. *feorh* n dass. (*Wiedemann*, BB. XXVIII 1).

ahd. *horo n* „kot“, ags. *horwes* gen.. sg. zu *horh* (*Sievers*, PBB. IX 232).

anord. *örvar* f. plur. „pfeile“ aus *argwôz*, aschwed. *arf*, gen. plur. *arwa*: got. *arhvazna* „pfeil“; wie ags. *earh* dass. aus *arhwô* zeigt, herrschte im paradigma akzentwechsel.

ahd. *serawên* sw. v. „aresco“: ir. *serg* „krankheit“, *sergaim* „vertrocknen“; idg. wz. *sergh* (*Zupitza*, BB. XXV 104 f).

Hinter *l* erscheint ebenso -*w*- aus -*gw*-:

ags. *holh n* „hollow“: gen. sg. *holwes* (*Sievers* PBB. IX 232).

ahd. *molawên* sw. v. „tabere“: ir. *malcaim* „verfaule“ (*Bezzenberger*, Stokes' Sprachsch. 203).

mhd. *smelwe* f „dünnes gras“: *smelhe* (*Persson*, BB. XIX 268 n).

Bei anord. *ylgr* f „wölfin“ gegenüber got. *mawi* f „mädchen“ muss ein anderes lautgesetz im spiele sein; in den obliquen kasus des singular und im ganzen plural schwand das zwischen *l* und *j* eingeklemmte *w* noch vor Sievers' gesetz. Da es nun die reine willkür wäre anord. *ylgr*, ahd. *wulpa*, got. *wulfs*, lit. *vilkas*, *vilkė*, skr. *vŕka*, *vŗkí* von einander losreissen zu wollen, wir aber von einer flexion *wulwî*, *wulgjôz* usw. nimmer zu ahd. *wulpa* gelangen, so muss ein anderer weg zur erklärung eingeschlagen werden. Nachdem aus *wulgwjôz wulgjôz* entstanden war, aber noch ehe Sievers' gesetz wirkte, wurde *wulgwî* durch assimilation an das anlautende *w*- zu *wulbî*; im ahd. wurde dann der nom. sg., im anord. die obliquen kasus durchgeführt.

Vor Sievers' gesetz liegt der schwund von *w* vor *u*, wie sich aus ags. *hweogul* n „rad“ aus germ. *hwegwulan* aus idg. *qeqe lón* (*Zupitza*, GG. 65), ergiebt.

Nach *Streitberg*, Urgerm. gram. 123 soll Sievers' gesetz auf *gw* aus idg. *gh* keine anwendung finden, vielmehr habe in diesem falle nur der charakter des folgenden vokals die entwicklung zu *g* oder *w* veranlasst. *Streitberg* muss also

entweder eine verschiedene Aussprache der aus idg. *q* oder
gh hervorgegangenen *gw* annehmen, was er nicht wird wahr-
scheinlich machen können, oder er muss annehmen, *gw* aus
idg. *gh* habe schon vor dem Vernerschen gesetz *w* oder *g*
ergeben. Wie erklärt übrigens *Streitberg* das nebeneinander
von asächs. *ewithessa* und ahd. *egidehsa* (*Zupitza*, GG. 99)?
Diese bemerkungen genügen, um die nichtigkeit der Streit-
berg'schen ansicht darzutun.

6. Schwund von w in der gruppe konsonant + w + j.

Mahlow, AEO. s. 30. Osthoff, PBB. VIII 280 f. J. Schmidt, Neutra
s. 6 n. Noreen, Urgerm. lautl. 174. Zupitza, German. Gutt.
72 f, 98. Streitberg, Urgerm. Gram. 146. Brugmann, Grundr.²
I 337, 614.

Zwischen konsonant und *j* schwindet *w* in früher ur-
germanischer zeit und zwar, nachdem, wie das Vernersche
und Sieverssche gesetz ergeben, z. b. *hw* aus idg. *q* und *kw*
zusammengefallen waren. So erklärt sich, dass die idg. *u*-
adjektiva im germanischen allmählich vollständig zu *i*-adjek-
tiven wurden; der übertritt ging, wie *J. Schmidt* erkannte,
vom femininum z. b. *swôtwî*, gen. *swôtjôz* usw. aus. Die
weiteren beispiele sind:

got. *ahjan* sw. v. „glauben, wähnen" aus idg. *óqiô*: gr.
ὄσσομαι „sehe, ahne" (*Fick* wb.⁴ I 13).

ahd. *fatureo* m „vatersbruder", ags. *fädera* m dass. aus
germ. *fadurjôn* (*Sievers* Zum ags. Vocal. 18): skr. *pítṛvya* m dass.

ags. *áfizen* „geröstet", part. perf. von einem germ. *figjô*
aus idg. *peqiô*: gr. πέσσω „koche" (*Lidén* JF. XVIII 412 f).

got. *gahardjan* sw. v. „verhärten": *hardus* „hart".

got. *huggrjan* sw. v. „hungern": *huhrus* „hunger".

anord. *lendar* f plur. „lenden" aus *landwjôz*: aksl. *lẹdvi*
f. plur. dass. (*J. Schmidt* Neutra 6 n).

ags. *mecg* m, plur. *mecgas* „verwanter, sohn" aus

magwjaz: got. *magus* m „sohn“ (*Koegel* Zs. f d Alt. XXXIII 18).

ahd. *wecki* m „keil“, ags. *wecg* m, anord. *veggr* m aus *wagwjaz*: gr. ὄφατα· δεσμοὶ ἀρότρων Hes.; lit. *wãgis* m „keil“ (*Fick* BB. XII 162, 168).

anord. *ylgr* f „wölfin“ aus einer urgerman. flexion *wulgwî*, gen *wulgjôz* usw. (*Osthoff* PBB VIII 280 f; *Koegel* Zs. f d Alt. XXXIII 18); der schwund des *w* erfolgte vor dem Sieversschen gesetz.

Erhalten aber musste das *w* natürlich werden bei verben auf idg. *-éjō*; anderseits wurde das *w* von dem nomen aus, von dem das verb abgeleitet ist, eingeführt vgl. got. *manwjan* „bereiten“: *manwus* „bereit“, asächs. *sulwian* „besudeln“, *gerwian* „bereiten“; in got. *ufarskadwjan* „überschatten“: *skadus* „schatten“ liegt nach *Bezzenberger* kein alter *u*-stamm vor (vgl. ahd. *scado*).

---

7. Schwund von w vor u und j vor i.

I. Schwund von w vor u.[1]

w ist ausser im absoluten anlaut in allen stellungen urgerm. geschwunden vgl. *Bezzenberger* BB. V 176; *Osthoff* PBB. XIII 454; *Bechtel* BB. X 288; *Noreen* Lautl. 176 f; *Kluge* Pauls Grundr.^{2} I 379 f; *Brugmann* Grundr.^{2} I 336; *Streitberg* Urgerm. gram. 112, 144; *Zupitza* GG. 81.

Dieser schwund lässt sich chronologisch gut fixieren, wenn auch aus nichts hervorgeht, dass er, wie *Osthoff* a. a. o. wollte, vor dem Vernerschen gesetze liegt. Zunächst liegt er vor dem Sieversschen gesetze, wie aus ags. *hweogul* „rad“ hervorgeht (*Zupitza* GG. 65). Dann muss *w* geschwunden

---

[1] Germ. *-ngwr-* ergab *-ngr-* in got. *figgrs* m „finger“ vgl. mit demselben *r*- suffix armen. *hingerord* „fünfte“, ir. *cóicer* „anzahl von fünf“ (*Meillet* MSL. IX 157) und in asächs. *lungar* „flink“ aus *lungwraz* aus idg. *lₑnghrós*: gr. ἐλαφρός (*Fick* BB. III 87).

sein, ehe langer vokal vor nasal, liquida + verschlusslaut gekürzt wurde; die entwicklung von idg. *juv₊ntắ* f „jugend" zu got. *junda*, von idg. *juv₊ṇçós* „jung" zu got. *juggs* stellt sich so dar:

germ. *juw₊ndō* > *juwundō* > *jūndō* > *jundō*; germ. *juw₊ngaz* > *juwungaz* > *jūngaz* > *jungaz*.

w schwand also, nachdem idg. *₊n*, *₊m*, *₊r*, *₊l* zu *un*, *um*, *ur*, *ul* geworden waren, aber ehe germ. *u* durch folgendes a zu o wurde.

ags. *cuman*, anord. *koma* „kommen" aus idg. *g̊₊mō*: got. *qiman* (*Sievers* PBB. VIII 80 ff).

anord. *kona* f „frau" aus idg. *g̊₊nắ* = böot. βανά (*Sievers* a. a. a. 85).

II. Schwund von j vor i.

j vor *i* ist geschwunden, nachdem *e* in nicht haupttoniger silbe zu i geworden war; danach wurde *i + i* zu *ī* kontrahiert vgl. *Noreen* Lautl. 176; *Brugmann* Grundr.² I 284).

got. *air* adv. „früh", ahd. *êr* aus idg. *ájeri*: avest. *ayarə* „tag" (*Prellwitz* BB XXIII 65 f).

got. *aiz* n „erz", ahd. *êr*, anord. *eir*, ags. *ár* aus *ajiz-* aus idg. *ájes-*: skr. *áyas*.

got. *þreis* „drei" vielleicht aus idg. *tréjes*: skr. *tráyas*.

---

8. Assimilationen.

I. German. ll aus ðl.

Nach dem wirken des Vernerschen gesetzes ist *ðl* aus idg. *tl* und *dhl* zu *ll* im urgerm. assimiliert worden vgl. *Sievers* JF. IV 335ff; *Streitberg* Urgerm. gram. 140f.

ags. *goldfell* „bractea" aus *feðla*: ahd. *fedelgold* n dass. aus *feþla*[1]): gr. πέταλος „ausgebreitet, flach" (*Pogatscher* Beiblatt zur *Anglia* XIII 13f).

---

[1]) Germ. *gúlþafeðlan* liegt sehr hübsch neben *fēþlaguldan*; im letzteren falle wäre eigentlich ahd. *fedelgolt- zu erwarten, doch trat -gulþan für -guldan nach dem simplex ein.

germ.-lat. *mallus* „gerichtsstätte“: got. *mapl* n „versammlungsplatz“.

anord. *stallr* m „stall“, ags. *steall,* ahd. *stal* = lat. *stabulum* aus *stadhlom.*

II. German mm aus zm.

Die assimilation ist nach dem Vernerschen gesetz erfolgt vgl. *L. Meyer* KZs. IV 410 f; *Streitberg* PBB. XV 505; Urgerm. gram. 141 f; *Kluge* PBB. VIII 524; Pauls Grundr.[2] I 382; *Noreen* Lautl. 160; *Hirt* Idg. akzent 50; *Brugmann* Grundr.[2] I 779; *Bethge* Dieters Laut- und Formenlehre, s. 181 f.

got. *im* „ich bin“ aus *izmi* (*Osthoff* Perfect, s. 18n).

got. *mammo* f „fleisch“ aus *mazmôn*: lit. *mėsà* f „fleisch“, gr. μῆνιγξ f „haut“: skr. *mās* n „fleisch“ (*L. Meyer* KZs. IV 410 f; *Mikkola* BB. XXII 241 ff.)

got. *pamma* dat. sg. von *sa* aus idg. *tosméd* vgl. skr. *asmât* (*J Schmidt* Festgruss an *Böhtlingk* 101 f); idg. *tésmōd* in preuss. *stesmu.*

III. Germ. nd aus md.

ahd. *hinta* f „hirschkuh“, ags. anord. *hind* dass.: gr. κεμάς f „reh, hirschkalb“, preuss. *camstian* „schaf“ (*Uhlenbeck* PBB. XXVI 299 f; *Bezzenberger* BB. XXVII 167 f).

nengl. dial. *rind* „reif“, ags. *hrinde bearwas* Beow. 1364 „bereifte haine“: ags. *hrím* m „pruina“ (*Holthausen* JF. XIV 339).

anord. *sandr* m, ags. *sond,* ahd. *sant* „sand“ aus idg. *samədho*: gr. ἄμαϑος „sand“ (*J. Grimm* Gram. II (NA) 221); *nd* aus idg. *mdh* und *mt* ist also erst nach dem schwund von ə eingetreten (*J. Schmidt* KZs. XXXII 361 f).

anord. *samkund* f „zusammenkunft“ aus idg. *ĝemtí* (*Noreen* Lautl. 152).

IV. Die angebliche urgermanische assimilation eines n an vorausgehnden guttural, dental, labial.

Bezzenberger GGA. 1876 s. 1374; ib. 1878, s. 218n. Bechtel Anz. f d Alt III 222. Paul PBB. VII 133n. Osthoff PBB. VIII 298,

299 n; MU. 1V 178. Kluge PBB. JX 149ff; Pauls Grundr.² I
382 f. Kauffmann PBB. XII 504ff; Zs. f d Phil. XXXII 256.
Noreen Lautl. 154 ff, 163 ff. Streitberg Urgerm. gram. 138 f.
Brugmann Grundr.² I 383 f, 715 f. Wilmanns Deutsche gram.² I
163 ff. E. Schröder Anz. f d Alt. XXIV 14. v. Friesen Om de
germanska mediageminatorna med särskild hensyn till de nordiska
språken (Upsala Universitets Årsskrift 1897). Bethge Dieters Laut-
und Formenlehre 184 f. H. Meyer Zs. f d Alt. 45, 102 f. Loewe
German. Sprachwissenschaft 64 f, 67. van Helten PBB. XXX
213 ff.

Kluge PBB. IX 149 ff hat über die assimilation eines *n*
an vorhergehenden verschlusslaut zuerst ausführlicher ge-
handelt und eine regel aufgestellt, die in der formulierung
von *Brugmann* Grundr.² I 383 f so lautet: „Zur zeit der uridg.
betonung wurden im urgerm. vor haupttonigem vokal die in-
lautenden gruppen *b̌n, d̆n, ʒn,* die aus uridg. *pn phn bhn, tn
thn dhn, kn khn ghn* entstanden waren, zu *b̌b̌, d̆d̆, ʒʒ* und
weiterhin zu *bb, dd, gg,* in gleicher stellung auch die gruppen
bn, dn, gn = uridg. *bn, dn, gn* zu *bb, dd, gg.* Diese gemi-
nierten stimmhaften mediae wurden dann gleichzeitig mit den
uridg. einfachen mediae zu tenues, *pp, tt, kk.* Nach konso-
nanten und langen vokalen wurde die geminata vereinfacht."
Sich *Kluge* in vielen punkten anschliessend, hat dann *Kauff-
mann* PBB. XII 504 ff eine westgermanische dehnung des
wurzelauslautes vor n angenommen z. b. ahd. *rappo, chnappo*
neben nhd. *rabe, knabe.* Diese hypothese ist aber durch
Friesen Germanska diageminatorna erledigt vgl. noch *Sievers*
PBB. XVI 262 ff; *Helten* ib. XXX 213 ff. *Friesen* hat auf
eine menge von fällen aufmerksam gemacht, wo neben *kk,
tt, pp gg, dd, bb* liegen, die er seinerseits durch eine ur-
germanische *n*-assimilation entstanden sein lässt.

Der zweck der folgenden zeilen ist es zu zeigen, dass
die heutzutage geltende und blindgläubig angenommene theorie
einer *n*-assimilation überhaupt falsch und daher aufzugeben
ist. Geleugnet hat sie schon *J. Schmidt,* was aus seinen aus-
führungen Kritik s. 101, 116, 133 ff hervorgeht.

Die besten beispiele, die man angeführt hat, sind diese
beiden:

anord. *lokkr* m „locke“ usw.: lit. *lugnas* „geschmeidig“ (*Bezzenberger*, GGA. 1876, s. 1374).

afries. *hwitt* „weiss“, mnd. *witt*: skr. *çvitná* „weiss“.

Diesen vereinzelten beispielen gegenüber führe ich eine reihe klarer beispiele an, wo die assimilation gemäss der herrschenden ansicht hätte erfolgen müssen, in der tat aber nicht erfolgt ist. Ehe nicht die jetzt folgenden beispiele aus dem wege geräumt sind, was nicht leicht sein dürfte, muss ich die *n*-assimilationstheorie für schlecht begründet erklären.

anord. *botn* m „boden“ aus idg. *bhudnós*: skr. *budhná* aus idg. *bhudhnós* (*Bugge*, BB. III 99; *Noreen*, Lautl 187; *J. Schmidt*, Kritik 104).

anord. *logn* n „windstille“ aus idg. *luknón* n (*Zupitza*, GG. 134); germ. *liugna* aus idg. *leuknó* (vgl. ir. *lón* „glanz“ aus *loukno* s. *Stokes* Sprachschatz 243; *Strachan* BB. XX 15 f.) in altschwed. *liugnelder* „blitz“ neben ält. dän. *ljun* aus germ. *liuhna* (*Falk-Torp*, Etym. ordb. I 478 f.).

anord. *hrogn* n „rogen“, ahd. *rogan*; germ. *hrugna* aus idg. *k̥rknó*: lit. *kurklė* „froschlaich“ (*Zupitza*, GG. 126).

anord. *ogn* m „ofen“, aschwed. *ughn*: g. *auhns* m dass (*Noreen*, PBB. VII 433 f.).

anord. *ögn* f „spreu“ aus idg. *aknā̊* = alat. *agna* „ähre“ aus *acnā* (*Froehde*, BB. XVI 187); vgl. lat. *acus* n „hülsen des getreides und der hülsenfrüchte, die spreu“.

got. *rign* n „regen“ nur aus idg. *reghno* oder *reknó* deutbar; die beste bisherige zusammenstellung ist die mit lit. *rokė* „staubregen“ (*Zupitza*, GG. 136).

anord. *sofna* (*sofnaþa*) „in schlaf fallen, einschlafen“ aus germ. *suƀnón* aus idg. *supnãi* (skr. IX. klasse) = aksl. *usъnǫti* „einschlafen“.

ags *swefn* n „schlaf, traum,“ anord. *svefn* m dass. aus germ. *sweƀnaz* aus idg. *swepnós* (*Falk-Torp* II 346): skr. *svápna* m „schlaf“, lit. *sãpnas*; germ. *sweƀnaz* erweist das asächs. *seƀan* C 680; *sweƀanos* M 688, *swefnos* C 688; *swefna* CM 701 vgl. *Schlüter*, Dieters Laut- und Formenlehre s. 268; *Holthausen*, As. Elementarb. s. 78.

anord. *þegn* m „mann, degen“, asächs. *thegn, thegan,* ahd. *degan,* ags. *đeʒn* aus idg. *teknós* „geboren“: gr. *τίκτω* „gebäre“ (*J. Schmidt,* Kritik 101, 116; *Prellwitz,* Wb.² 453; *Kluge,* wb.⁶ 73 gegen PBB. IX 169).

Dazu kommen einige im got. überlieferte adjektiva auf *no,* idg. partizipien auf *nó:*

got. *ibns* „eben“, anord. *iafn,* asächs. *eƀan,* ags. *efen,* ahd. *eban,* das schon wegen der vokale (s. o.) nicht zu lat. imitor gestellt werden darf; idg. *ebhnó* oder *epnó* (*Wiedemann,* BB. XXVIII 73 f.).

got. *swikns* „rein, keusch“ (*Bezzenberger,* BB. IV 354 ff.); idg. *swignós.*

got. *uslukns* adj. „offen“ (*Verf.* Zs. f. d. Phil. XXXVII 253).[1]

Die richtige erklärung für die geminierten *k, t, p, g, d, b* ist auch schon längst gefunden worden vgl. zunächst *Bezzenberger,* GGA. 1878, s. 218. *E. Schröder,* Anz. f. d. Alt. XXIV 14 sagt: „Ich will . . . nur andeuten . . ., dass ich vor 15 jahren bereits durch freund Bechtel auf die weitgehnde parallele zwischen der bildung verbaler und nominaler intensiva einerseits und der koseformen anderseits aufmerksam geworden bin und in einem längeren gespräch mit Fick die erscheinungen, auf welche Kluge und Kauffmann die radikalkur mit der *n*-assimilation angewant haben, ganz anders ansehen gelernt habe.“

---

[1] *Behaghel,* Zs. f. d. Wortforsch. VII 172 f. wendet sich gegen meine verteidigung des überlieferten *uslukns.* Er bestreitet hauptsächlich, dass *uslukns* „sprachgeschichtlich klar“ sei. „Sprachgeschichtlich klar sein“ — sagt er s. 173 — „heisst doch wol, sich in bekannte entwickelungsreihen einfügen, sich mit anderen erscheinungen zu einer in sich gleichartigen gruppe zusammenschliessen.“ Gewiss. Die gleichartige gruppe waren, was meine zitate besagen sollten, die idg. partizipia auf *nó,* die ja auch im griech. adjektiva ergeben haben. Die got. sprache hat sich also nicht diese luxusbildung geschaffen, sondern bewahrte *uslukns* als uralte bildung, weil es als adjektiv selbständig geworden war. Die beweiskraft des zusammengebrachten materiales haben freilich die bemerkungen Behaghels etwas gemindert, aber bei weitem nicht vollständig abgeschwächt. Ich halte daher an dem ansatz eines got. *uslukns* adj. „offen“ fest.

Ähnlich bemerkt *Kauffmann*, Zs. f. d. Phil. XXXII 256 in der rezension der schrift von Friesens: „v. Friesen hätte nicht bloss auf die lautgestalt seiner belege, sondern auch auf die wortbedeutung zu achten gehabt: wäre dies geschehen, dann würde er erkannt haben, dass ein ganz anderer typus von geminaten hier vorliegt, den wir in einer ganz bestimmten kategorie germanischer wortformen heimisch wissen. Mit der gemination hängt die diminutivbedeutung der ... wörter zusammen, die doppelkonsonanz wird also wie die gemination bei den altgermanischen kosenamen zu deuten sein.“

Das ist richtig.

Wir haben also in ahd. *zocchôn, lecchôn* u. s. w. keine verba, die der skr. IX. Klasse entsprechen (*Kluge*, PBB. IX 170), sondern verba, in denen der wurzelauslaut wegen der intensiven bedeutung[1] gedehnt wurde s. *Gerland*, Intensiva und Iterativa. Leipzig 1869. Daneben lagen intensive nomina z. b. an. *lokkr*, das aber auch diminutiv gewesen sein kann.

Wie wir uns freilich das nebeneinander von z. b. *kk- gg- k- g* zu erklären haben, weiss ich nicht. Da kann erst gründliche etymologische forschung licht verbreiten (mhd. *noppen* „stossen“ und sippe s. *Friesen* a. a. o. 73 f. gehört zu lit. *knupsyti* „jdn bedrängen, anliegen, belästigen“ wie anord. *gabba*, nhd. *gaffen* zu lit. *žepsóti* „gaffen“; ags. *batt* „stock“ zu lat. *fatuus* „blödsinnig“ s. *Fick* wb.[4] I 489). Mir genügt es hier, wenn die annahme einer *n*-assimilation in unsern handbüchern nicht mehr so kritiklos gelehrt wird, wie das bisher der fall war. Sehr hübsch erscheint die intensivverdoppelung auch in dem lehnworte[2] ags. *rabbian* „wüten“, was in zukunft zu beachten sein wird.

---

[1] Finck, Deutscher sprachbau s. 62 macht auf die parallele erscheinung im semitischen aufmerksam.

[2] ebenso nhd. *placken: plagen* (Finck a. a. o.).

III. Die germanischen Auslautgesetze.

I. Das vokalische Auslautgesetz.

Westphal, KZs. II 163 ff. Scherer, ZGDS.² 174 ff. Sievers, PBB.
V 111, 119 ff. Paul, PBB. VI 124 ff., 170. Möller, PBB. VII
476 n. J. Schmidt, KZs. XXVI 20 ff. van Helten, PBB. XIV
282 f., XVII 567 ff. Bremer, Zs. f. d. Phil. XXII 249. Jellinek,
Beitr. z. Erklär. d. german. Flexion, s. 14 ff. Johansson, BB.
XVI 146 n. Noreen, Urgerm. lautl. 30. Kluge, Pauls Grundr.²
I 416 ff. Streitberg, Urgerm. gram. 170 ff. Brugmann, Grundr.²
I 926 ff. Walde, German. Auslautges. 110 ff. Franck, Anz. f. d.
Alt. XXVIII 50 ff. Michels, Zs. f. d. Phil. XXXIV 114 ff. Janko,
JF. Anz. XVII 59 ff. Kock, PBB. XXVII 174 f. Loewe, German.
Sprachw. 73 ff.

Dass auslautendes *e, a, i* überhaupt im urgermanischen
geschwunden ist, haben *J. Schmidt* KZs. XXVI 20 ff und
Walde Auslautges. 110 ff gegen *Paul* PBB. VI 124 bewiesen.
Auslaut. kurzer vokal ist auch in folgenden adverbien ge-
schwunden: anord. *austr* „im osten, gen osten": asächs. ahd.
ôstar „nach osten"; ahd. *sundar*: anord. *suþr* „im süden,
nach süden"; an. *vestr* „im westen, nach westen": ahd. *westar*
„nach westen"; anord. *norþr* „nach norden": mnd. *norder-*
(noch nhd. *nordermole*); sie gehören zu den skr. adverbien
auf-*tra*, die einen lokativen sinn haben (*Whitney* Grammar³
§ 1099).

Ich mache darauf aufmerksam, dass in der auslautsgruppe
konsonant + *w* + kurzer vokal *w* schon urgermanisch ge-
schwunden ist, nachdem es durch den abfall des kurzen
vokals in den auslaut geraten war. Beispiele sind got. *wit*,
anord. *vit*, ags. *wit* „wir beide" aus idg. *wedwo*: lit. *vedù*
„wir beide" aus *wedwō*, so wie gr. *δύο* neben *δύω* liegt vgl.
noch got. *twalif* (*Meillet* MSL. XIII 208 f). got. *nih* „und
nicht" aus idg. *neqe* = lat. *neque*; ahd. asächs. *noh* dass. aus
idg. *n_eque* vgl. den schwavokal in ir. *nach* „nicht"; zum
germ. *nu* aus idg. *n_e* s. *J. Schmidt* Kritik 85; *Thumb* KZs.
XXXVI 190 ff; *Ehrismann* PBB. XXIV 396; *Noreen* Lautl. 98
und beispiele wie mhd. *rust*: nhd. *rast*, ags. *nosu*: nhd. *nase*
ndd. *nuster*: lit. *nasraĩ*.

Walde a. a. o. 123 lehrt: „Die abstossung des unbetonten -*i* erfolgte schon in urgerm. zeit, und zwar vor der einführung der germ. anfangsbetonung." Während in drei- und mehrsilbigen worten auslaut.- *i* nach *Walde* a. a. o. 120 f durchgehend geschwunden ist, soll in zweisilbigen worten das *i* erhalten sein, wenn es idg. hochbetont war, dagegen geschwunden, wenn es unbetont war. Idg. betontes *i* soll vorliegen im dat. sg. konsonantischer stämme ags. *men, bréder*, anord. *feþr, brøþr* gegen ags. *dóm, gám*. Das schwierigste bei dieser annahme ist, dass germ. -*i* im ags. und anord. dieselbe behandlung erfahren haben soll wie germ. -*iz* in ags. *giest*, anord. *gestr* und germ. -*ī* s. u. Diese schwierigkeit veranlasst mich, die erklärung von ags. *men* aus germ. *manni* abzulehnen (gegen *J. Schmidt* KZs. XXVI 20 vgl. *Jellinek* Beitr. 16) und eine neue erklärung aufzustellen. Ich sehe auch lokative in den ags.- anord. dativen, gehe aber nicht von germ. -*i*, sondern -*ī* aus d. h. ich glaube, dass die idg. lokativendung -*ei* = germ. -*ī* von den *o*-stämmen auf die konsonantischen mitunter übertragen sei; denn in g. *mann*, asächs. *man*, ahd. *man* sehe ich die regelrechte form idg. *manni*.

Urgerm. -*ī* (sowol -*ĭ* als auch *ī̃*-) = urags. -*i* schwand im ags. nach langer silbe, nachdem der umlaut gewirkt hatte, blieb aber nach kurzer silbe erhalten. Diese regel stimmt mit dem überein, was *Sievers* selbst uns gelehrt hat. Im ags. lok. sg. der *o*-stämme (*Sievers* PBB. VIII 324ff; *Schilling* ib. XXVI 558ff) ist in früher zeit das -*i*, das in den kurzsilbigen worten erhalten blieb, auf die langsilbigen übertragen worden. Wir müssten im ags. eigentlich erwarten **dém* (*Sievers* Ags. gram[3] § 237n 2) und **däge*. Urgerm. -*ī* liegt auch vor im imper. der schwachen verba I. klasse (*Walde* Auslautges. 147ff), wo wir ganz gesetzmässig finden *nere*, aber *séc*; daher wäre auch in der 3. sg. opt. prät. der starken verba **hylp*, nicht *hulpe* zu erwarten, wo das -*i* aus den andern formen wiederhergestellt ist (*Sievers* Ags. gram.[3] § 133c). Ebenso geht ags. *bend* f auf germ. *bandī* = got. *bandi* zurück (*J. Schmidt* KZs. XXVII 304).

Das anord. erlaubt es auch *feþr* aus *faðrl* zu erklären vgl. 2. sg. imper. *stýr* (*Walde* a. a. o. 149). Da nun aschwed. *dæghi*, an *dege* dat. sg. auf germ. *dagl* zurückführt (*Noreen* Pauls Grundr.² I 609), so hat sich der imper. *suef* statt **suefe* nach *stýr* gerichtet. Ich glaube nach diesen ausführungen an der alten ansicht festhalten zu können, dass absolut auslautendes -*e*, -*a*, -*i* im urgermanischen durchgehend geschwunden sind, nachdem die germanische akzentregelung durchgedrungen war.

II. Das konsonantische Auslautgesetz.

Scherer ZGDS.² 174 ff. Tamm PBB. VI 400 ff. J. Schmidt KZs. XXVI 345 f; Neutra 158, 180. van Helten PBB. XV 474 ff; XVI 310 ff. Jellinek Beiträge s. 60 ff. Noreen Lautl. 169 ff. Kluge Paul Grundr.² I 418. Streitberg Urgerm. gram. 146 f. Walde Auslautges. 13 f, 163. Janko JF. Anz. XV 251, 252; XVII 57.

Zwischen dem urgerm. vokalischen nud konsonantischen auslautgesetz besteht ein zweifelloser historischer zusammenhang, wie aus got. *bairand* aus idg. -*onti* und *berun* aus idg. -*ɲt* hervorgeht d. h. das konsonantische auslautgesetz ist älter als das vokalische. Idg. *d* und *t* sind auch in einsilbigen worten geschwunden vgl. got. *hva* = lat. *quod*; denn was *Tamm* PBB. VI 400 ff; *Helten* ib. XIV 474 ff; *Streitberg* Urgerm. gram. 146 f dagegen anführen, ist nichtssageud. Ich kann es nicht begreifen, warum nicht anord. *þat*, ahd *daz* im auslaut dem skr. *idám*, lit. *idán⟨t⟩* entsprechen und warum nicht got. *ita* dazu im ablaut (idg. -*ōn*) stehn soll. Ob der dental abgefallen ist vor der german. lautverschiebung oder nach ihr, entzieht sich anscheinend unsern blicken; jedenfalls aber „fällt" — wie *Streitberg* Urgerm. gr. 146 sagt — „dieser verlust in sehr frühe zeit, da die langen vokale, die vor ursprünglich auslautendem dentalen verschlusslaut stehn, genau ebenso behandelt werden wie die langen vokale, die von jeher im absoluten auslaut gestanden haben" vgl. got. *beri* aus idg. -*it*: *mawi* aus germ. *mazwī*.

Karte

zur relativen chronologie der germanischen lautgesetze.

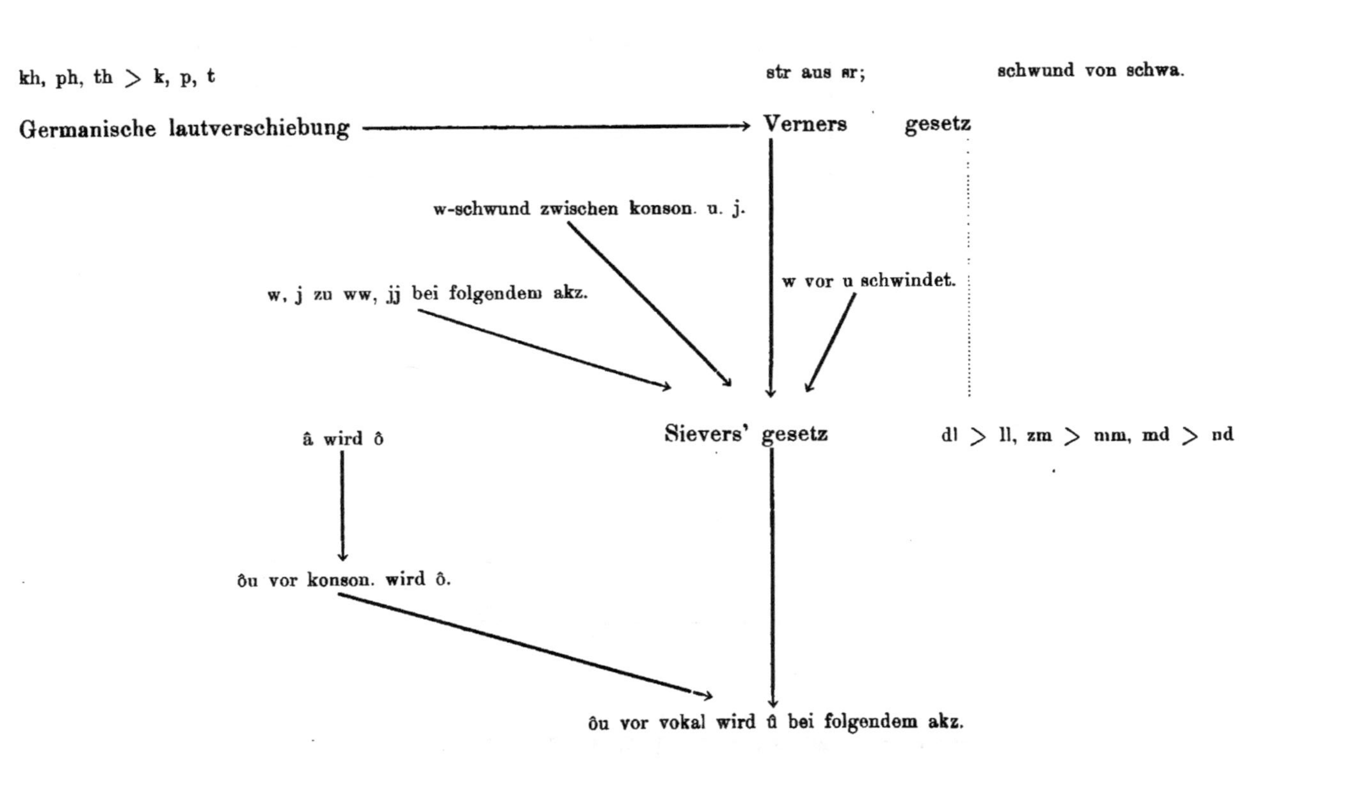

kh, ph, th > k, p, t
str aus sr;
schwund von schwa.
Germanische lautverschiebung
Verners gesetz
w-schwund zwischen konson. u. j.
w, j zu ww, jj bei folgendem akz.
w vor u schwindet.
â wird ô
Sievers' gesetz
dl > ll, zm > mm, md > nd
ôu vor konson. wird ô.
ôu vor vokal wird û bei folgendem akz.

II. Periode: **Periode des germanischen festen akzentes.**

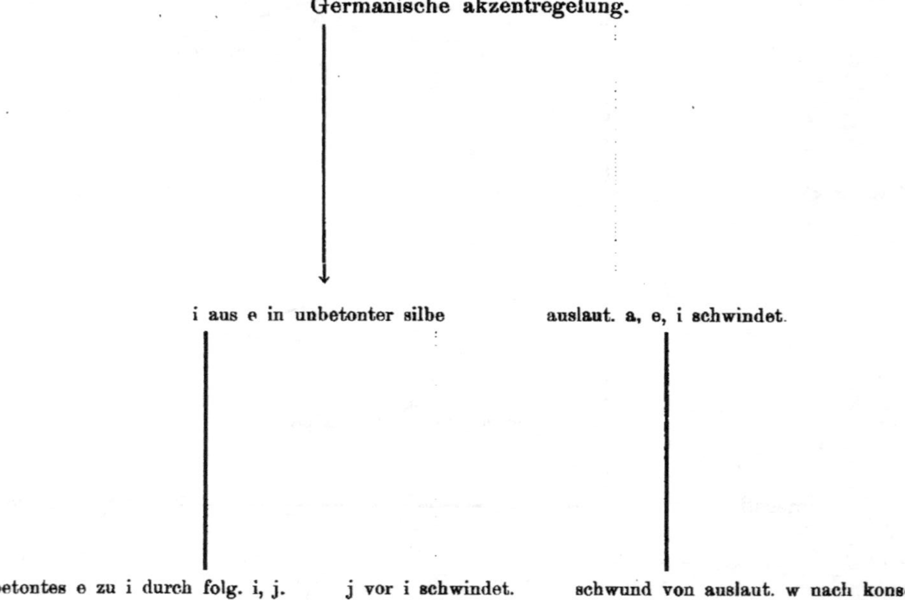